まるで海外のような
日本の絶景

絶景トラベル研究会

宝島社

CONTENTS

まるで海外のような日本の絶景

世界が認めた日本の絶景「河内藤園」

はじめに

皆さんはご存じでしたか？　福岡県北九州市にある「河内藤園」。市の中心部である小倉駅前で、その名前を聞いてみても知っている人はごくわずか。もともと口コミでしか広まっていなかった、知る人ぞ知る名所なのです。それが、様々なメディアを通じて徐々に知られ始め、2014年春にＮＨＫで紹介されると、藤の最盛期であるゴールデンウィークには、園主もびっくりするくらい多くの人が訪れたのだとか。

そんな、われわれ日本人にもあまり知られていないこの絶景が、『FeedBox』という海外のサイトで「10 Beautiful Places In The World That Actually Exist」（実在する世界の美しい場所10）として紹介されていました。オーストラリアのグレートバリアリーフやクロアチアのプリトヴィッチェ湖群国立公園などと並び、世界中から選りすぐられた10の絶景の1つとして、日本で唯一選ばれています。日本にも「絶景」と称される名所は数多く存在するので、そのなかで「河内藤園」が選ばれたのは少し意外な気もしますが……。しかし、実際にこの絶景を目の当たりにすると、納得がいきます。写真を見るとあまりにも幻想的すぎて、まるで絵のようですが、この絶景は写真のトリックでもなんでもありません。実際に見に行くとまさにこのとおり。いや、写真以上に美麗で幻想的な世界が広がっていて、携帯のカメラで撮っても、同じような写真が撮れるのです。

こんな場所が身近な国内に存在するのに、知らないのはもったいないと思いませんか？　思えば、いま大人気の「竹田城跡」も、数年前まではほとんど知られていない名所でした。本書では、そんな日本の絶景を集めています。なかでも、まるで海外かと見《み》紛《まが》うような風景を中心に厳選しました。

あなたの知らない“ニッポン”が、きっとあるはずです。

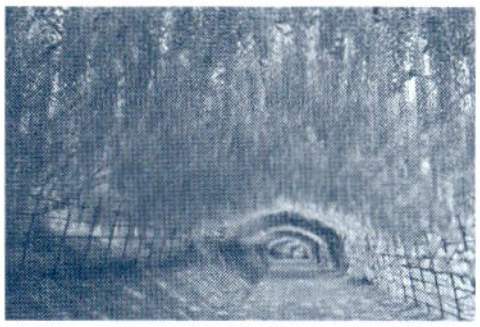

001

河内藤園

福岡

紫の雨が降る惑星！
藤が咲き乱れるドーム

紫、ピンク、白、黄緑と、カラフルな種類の藤棚が見る者を圧倒する河内藤《かわちふじ》園《えん》。藤棚というと、ふつうは平らなものだが、こちらは半円形のトンネルになっており、その藤トンネルが延々と伸びてゆく。なかに入れば、まさに藤の雨が降る惑星にいるような感覚も。例年、４月下旬から５月上旬にかけて巨大な藤棚を中心に、22種類もの藤の花が広い園内に順繰りに咲いてゆく。入園料が見ごろの度合いによって変化する面白いシステムで、最盛期は1000円。ちなみに100円の日でもかなり美しかった。

見どころ

- **特に圧巻なのが面積で2000坪近くもある藤棚と藤の花トンネル。長さと形状が異なる２種類のトンネルがある。**
- **秋は紅葉の名所。樹齢が70〜80年クラスをはじめ、700本以上ものモミジの木がある。見ごろは11月下旬で、入園料のめやすは300円。**

ベストシーズン
4月下旬〜5月上旬

アクセス
ＪＲ小倉駅から鹿児島本線の八幡《やはた》駅までは15分ほど（博多駅からだと約45分）。八幡駅からタクシーで15〜20分ほどの距離（3000円弱）。

002

雲海テラス（星野リゾート　トマム）　北海道　7月

002

雲海テラス（星野リゾート　トマム）

北海道

黄山にも負けない多様な雲海
天空の奇跡を感じさせる極上テラス

雲海とは山など標高が高い位置から雲が海のように見える現象。山水画の世界といわれる中国の世界遺産、黄山の雲海は有名だが、日本にも雲海の絶景名所がある。北海道のほぼ中央、「星野リゾート　トマム」にある雲海テラスは、さまざまな種類の雲海がベストポジションで楽しめる絶景テラス。放射冷却により低い高さで発生する「トマム産雲海」や太平洋で発生した雲が流れこんでくる「太平洋産雲海」など。雲中と呼ばれる、テラスが雲で覆われてマイナスイオンにつつまれる状態もある。

ベストシーズン
7月～8月

アクセス
新千歳空港駅からＪＲで南千歳駅を経由し、ＪＲ石勝線の特急「スーパーとかち号」などに乗り、トマム駅下車。所要時間は約1時間10分。駅から「星野リゾート　トマム」へ（無料送迎バスあり）。ここからゴンドラに乗る。雲海テラスから山頂までは登山コースがあり、約20分で山頂へ。

見どころ

- 「てんぼうかふぇ」でお茶をしながら雲海を楽しめる。
- 山の下に日本最大級の波の出る温水プール「ミナミナビーチ」がある。
- 「星野リゾート　トマム」にはカヌーや気球などアクティビティが多数ある。

まだまだある！ 日本の絶景①

竜泊ライン《タツドマリライン》

青森

日本とは思えない山と海の絶景
津軽半島のワインディングロード

竜泊《たつどまり》ラインは、青森県弘前市から東津軽郡を結ぶ国道339号の小泊《こどまり》から竜飛崎《たっぴざき》間の約20kmを指す。「蛇の道」とも呼ばれるように、眺瞰台（展望台）からの下りは、つづら折りのうねるような道から、曲がるごとに山と日本海の絶景が交互に見られる。へばりつくように道が海岸線をたどる部分も。まるでオーストラリアの海岸道路とアルプスの山岳のヘアピンの道を合わせたようなダイナミックさとなっている。新緑や紅葉も見事で、展望台から見る竜飛岬の夕陽も美しい。ここが冬は凍てつく津軽半島とはとても思えない。

見どころ

- **峠の眺瞰台からは、北に竜飛崎や北海道、南には十三湖や岩木山も見晴らせる。**
- **春から秋の夜に、沖合いに浮かぶ100隻以上ものイカ釣り漁船の漁火も見もの。**
- **国道339号には全国で珍しい階段歩道の国道がある。**

ベストシーズン
5月～11月中旬（冬期閉鎖あり）

アクセス
青森市街から国道7号と339号で弘前市を経由し、小泊まで約2時間。または青森市街からクルマで国道280号と県道14号線で竜飛崎まで約2時間。小泊から竜飛崎間（竜泊ライン）は約50分間のドライブ。電車の場合は、青森駅から三厩《みんまや》駅までＪＲ津軽線で約90分。三厩駅から町営バスで竜飛崎灯台まで約30分。

003

美瑛の青池　北海道　10月

004
タウシュベツ橋梁　北海道　6月

003

美瑛の青池

北海道

予期せぬ自然現象が生み出す
日本離れした、青すぎる池

アップル社の壁紙にも採用された青池は、北海道の美《び》瑛《えい》町にある。まるで絵の具を垂らしたような水色の青さが幻想的すぎると話題になっている。アメリカでも以前、石炭灰の廃棄場に溜まった池（リトル・ブルー・ラン）が異常なほどの青さと話題になった。ここ青池も火山の泥流を貯めるコンクリートブロックに水が溜まったもの。人工的な池だが、背後のカラマツ林と水の中に立つ、立ち枯れの木々が美しい。十勝岳噴火後の偶然の自然現象が生み出した、異星の風景にも思える絶景となっている。

見どころ

- **風が収まると、湖面は鏡のように周囲の木々を映し出す。流れ込む美瑛川の色も美しい水色。**
- **青池の約3.5km先の美瑛川本流に、数十本もの細い糸が垂れるように落ちる地下水の滝、白ひげも名物。**

ベストシーズン

4月下旬〜10月下旬（冬期閉鎖あり）

アクセス

旭川空港からレンタカーで約40分。バスの場合、旭川空港から、ふらのバスで美瑛駅へ。所要時間約16分。美瑛駅から道北バスで白金青い池入口へ。所要時間約20分。停留所からは約400m徒歩約10分。札幌から電車の場合は、ＪＲ函館本線特急で旭川駅経由、富良野線で美瑛駅へ。所要時間約2時間3分。

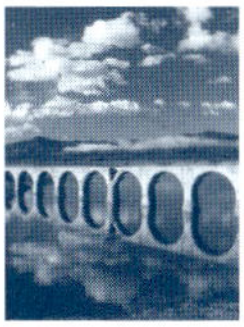

004

タウシュベツ橋梁

北海道

古代ローマのアーチ橋を思わせる
湖面に浮き沈みする幻の橋

北海道の糠平《ぬかびら》、十《と》勝《かち》三股《みつまた》の山岳森林地帯を南北に走る国道273号。道に並行するように、コンクリート造りの古いアーチ橋があちこちにある。実はこの橋、かつての国鉄士幌線の鉄道橋。いまも東大雪《ひがしたいせつ》の開拓史を伝える産業遺産として保存されている。たくさん残る橋の中でも絶景と話題なのがタウシュベツ橋梁《きょうりょう》。古代ローマの水道橋を思わせると地元観光協会がいう橋は長さ130mも。めがね橋との愛称もある。糠平湖の水かさが増える10月に水没。1月になると湖面に再び姿を現すことから幻の橋とも呼ばれる。

見どころ

- タウシュベツ展望台から糠平湖、タウシュベツ橋、大雪の雄大な自然を眺められる。
- 国道沿いには10以上のアーチ橋が残る。
- 糠平市の鉄道記念館に、往時の士幌線や橋梁に関する資料が展示されている。

ベストシーズン
1月～3月、5月～6月

アクセス
札幌駅からJR特急「スーパーカムイ号」で、旭川駅までは所要時間約1時間25分。旭川駅からは都市間バス「ノースライナー」を利用する。約2時間30分で五ノ沢停留所へ着き、ここから橋梁を見渡す展望台までは徒歩で約20分。クルマの場合は、事前に上士幌町観光協会HPからWEB予約が必要。

005

神の子池　北海道　8月

006

北防波堤ドーム　北海道　10月

005

神の子池

北海道

中国の名勝、五彩池とそっくり!!
摩周湖の伏流水が生んだ奇跡の池

北海道東部にある摩周湖はバイカル湖と並んで透明度の高い湖として知られている。その数キロ先にある「神の子池」も摩周湖の伏流水（地下水）によって生まれただけに透明度はバツグン。しかも神の子池は水深が5mと浅いため、驚くことに湖底に沈んでいる岩、樹木、泳ぐ魚などがすべて透けている。コバルトブルーの水面には湖畔の緑葉も映し込まれて、あらゆるものが混ざり合う不思議な美しさ。この絶景は中国の世界遺産の名勝、九寨溝《きゅうさいこう》の五彩池《ごさいち》と見違えるほど似ており、知る人ぞ知る北海道の名所となっている。

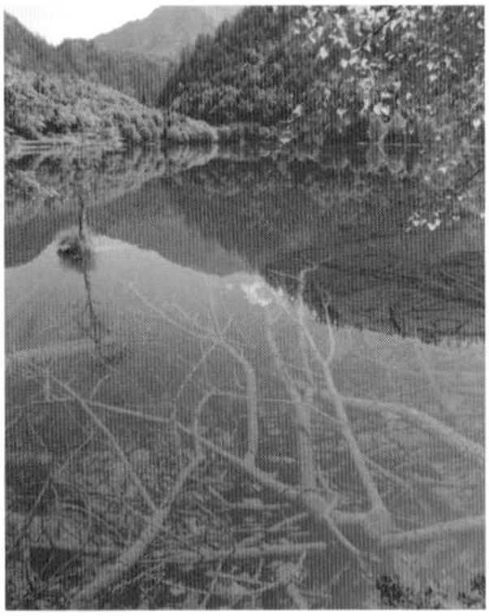

九寨溝の五彩池（中国）

ベストシーズン
6月下旬〜8月下旬

アクセス
女満別空港からレンタカーで国道39号、334号、1115号、ハトイ林道を経由し神の子池の駐車場へ。所要時間約2時間。駐車場から徒歩約3分。札幌駅から電車の場合は、石北《せきほく》本線網走駅で乗り換え、釧網本線清里町駅へ。所要時間約6時間30分。清里町駅からタクシーを呼び、駐車場まで約30分。

見どころ

- 周囲は、看板も柵もない自然のままの美しい静かな森が広がっている。
- 水温が年間平均8℃と低く、倒木が青い水の中に腐らずに化石のように沈んでいる。
- 池には赤い斑点のオショロコマという魚が泳ぐ。

006

北防波堤ドーム

北海道

古代ローマ建築物の大回廊にも見える!?
世界でも稀なドーム型の防波堤

日本最北端の地、北海道宗谷地方にある稚内《わっかない》。日本海とオホーツク海をまたぐ稚内港に、巨大なアーチ型の北防波堤ドームが建っている。その長さは427mもある。しかも70本もの太い円柱がズラリと並び、まるで古代ローマの巨大神殿の大回廊のような壮観な眺めとなっている。内部も高さ13.6m、幅８mと広く、世界にも類を見ない建築物として内外から注目されている。1936年の建設当時はここに駅があって、乗客はドーム内を歩いて桟橋の船に乗ったという。テレビドラマのロケ地にもよく使われる。

ベストシーズン
6月～10月

アクセス
電車の場合は、ＪＲ札幌駅から稚内駅まで特急を利用して約５時間。稚内駅から北防波堤ドームまでは、稚内港へ向かって約500m、徒歩で約10分の距離にある。札幌から稚内は、高速バス便もあり、所要時間は約５時間50分。飛行機の場合は、羽田空港から稚内空港直行便が。所要時間は約１時間45分。

見どころ

- 夜にライトアップされると、陸からの外観も、巨大なドームの内部も幻想的な雰囲気に包まれる。
- 稚内港の近くには、秀峰利尻富士が一望できる夕日の名所でもある「ノシャップ岬」がある。

007

ナイタイ高原牧場　北海道　9月

007

ナイタイ高原牧場

北海道

ヨーロッパの広大な田園を彷彿とさせる日本一広い公共牧場

北海道を代表するような大規模な平原が広がる十勝平野。畑作と酪農が盛んな平野の上士幌町にあるのがナイタイ高原牧場である。この牧場は公共牧場として広さ日本一、東京ドームの約350個分の広さ。地平線まで果てなく続く緑の芝のじゅうたんの風景が広がり、牧場には約3000頭もの牛が放牧されている。草を食べる牛たちが豆粒くらいの大きさに見えることも。果てしない平野、牧畜と農業の風景から、日本のウクライナとも呼ばれる。大木のある丘などはまるでヨーロッパの心癒される田園風景のようだ。

ベストシーズン
5月中旬～9月中旬

アクセス
札幌から帯広へＪＲ特急「スーパーおおぞら号」を利用し、所要時間は約２時間35分。帯広駅から十勝バスまたは拓殖バスに乗り、上士幌で下車（所要時間は約1時間20分）。上士幌バス停からはタクシーで約15分。クルマの場合は、道東道音更《おとふけ》帯広《おびひろ》ＩＣから国道241号線経由。約1時間30分。

見どころ

- **夏場に牛や馬が群れで放牧されており、たまに野生のシカに出合えることもある。**
- **牧場の最上部の展望台から牧場全体、十勝平野、遠くに阿寒の山並みを一望。**
- **要所要所にあるカシワの大木も名物。**

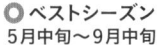

日本の絶景MAP ①

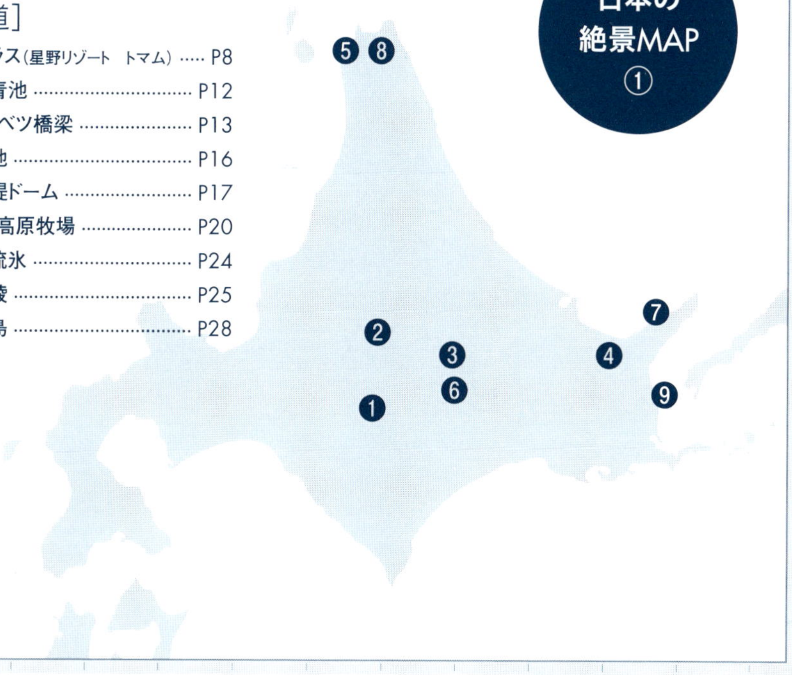

[北海道]

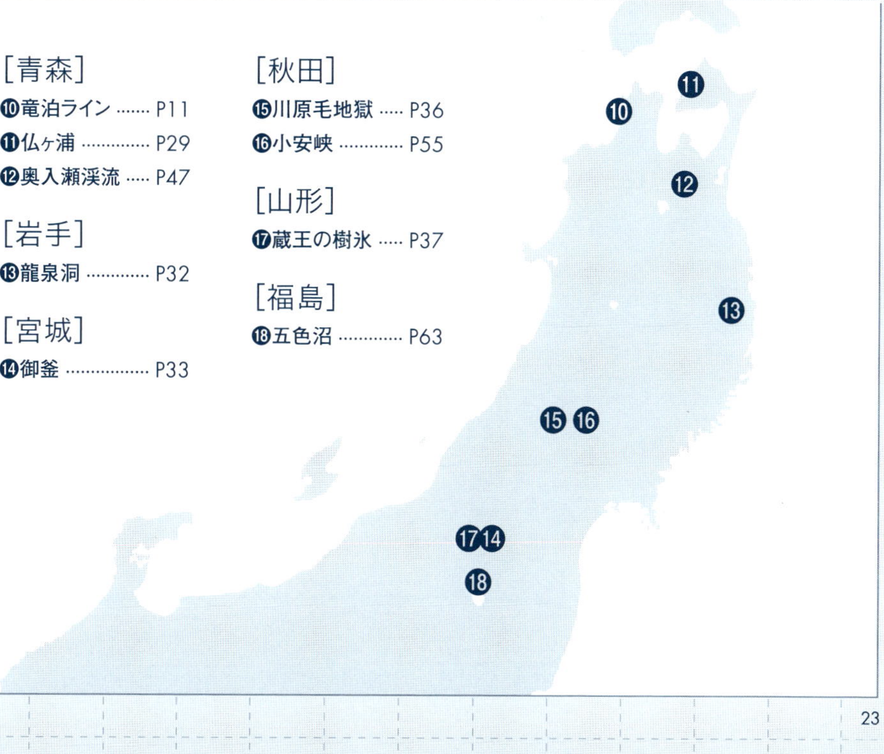

[青森]

[岩手]

[宮城]

[秋田]

[山形]

[福島]

008

知床の流氷　北海道　3月

009

宗谷丘陵　北海道　8月

008

知床の流氷

北海道

シベリアから流れてくる
流氷が埋め尽くす北極圏のような景観

シベリアのオホーツク海最北で発生する流氷は、１月下旬から２月上旬になると、北海道の知床《しれとこ》半島をはじめとするオホーツク海沿岸へとたどり着く。海岸から遥か彼方までが氷で覆われ、まるで北極圏の雪原のよう。大自然の偉大な営みを実感することができる。知床半島では、流氷とともにアザラシやクジラ、さらには深海魚、巨大イカまでやってくる。空には大鷲が舞う。人気があるのは観光砕氷船。360度の絶景の流氷原の中を突っ込み、ダイナミックに氷河が砕け散る。夕陽と流氷のマッチングも、また幻想的で美しい。

ベストシーズン
1月下旬～3月上旬

アクセス
女満別空港からレンタカーで知床（ウトロ）へ。所要時間約2時間15分。女満別空港からウトロまで直通のバス便もある（約2時間15分）。ウトロから流氷観察のポイント「プユニ岬」まではクルマで約5分。砕氷船「おーろら号」は、網走川河口から例年1月20日～3月31日まで運航する。

見どころ

- 知床の乙女の涙、プユニ岬が流氷のベストポイント。また、幌別の海岸沿いの道路からも流氷を見学できる。
- 流氷の密度が濃い知床では流氷ウォークも近年人気。
- 人気の砕氷遊覧船は道の駅「流氷街道網走」から出航。

009

宗谷丘陵

北海道

北極圏の丘陵とも似る
風車がある周氷河地形の起伏の丘

宗谷丘陵は稚内岬の南部に広がる日本最北の丘陵地帯。この地は周氷河地形と呼ばれ、太古から地中の水分が凍結と融解を繰り返すことで生み出された。なだらかな起伏が連続し、深い谷はないのが特徴。氷河地帯のアイルランドでよく見られる地形だが、日本で見かけるのはけっこう珍しい。なぜなら、偶然明治期の山火事で高い木々がなくなり、周氷河地形のままの起伏が明瞭に観察できるため。丘には年間平均7m/sもの強風が吹く。57基の大型の風力発電機が設置され、風車群のある絶景の丘となっている。

ベストシーズン
6月上旬～9月下旬

アクセス
新千歳空港から稚内空港まで飛行機で所要時間は約1時間。空港からは連絡バスで稚内駅へ。所要時間約30分。ＪＲ宗谷本線稚内駅から宗谷バス天北宗谷岬線に乗り、1時間で宗谷岬停留所へ、宗谷丘陵までは徒歩約10分。宗谷停留所で降り徒歩約5分の宗谷歴史公園から入るコースもある。

見どころ

- クルマも入れる道が整備され、放牧される黒牛、高山植物の花々に出合える。
- 丘から遠くサハリンの島影、利尻山を遠望できる。
- 丘陵内に、宗谷護国寺跡、宗谷厳島神社もある歴史公園がある。

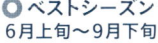

010
野付半島　北海道　8月

011

仏ヶ浦　青森　7月

010

野付半島

北海道

海外の巨大砂嘴にも劣らない 北海道東端にある砂の半島

上空から見ると美しい半島だが、地上からは世界の果てをも思わせる立ち枯れの森が広がる。北海道東端に位置する野付《のつけ》半島は、長さ28kmにわたる日本最大の砂嘴《さし》で、ラムサール条約にも指定される湿原。砂嘴とはその名の通り、漂砂《ひょうさ》が堆積《たいせき》してできた嘴型《くちばしがた》の地形のこと。マサチューセッツ州にある巨大砂嘴、ケープコッドはアメリカ有数の高級リゾート地だが、野付半島も春になると一転、風光明媚な景色となる。野生のアザラシやタンチョウが訪れ、6月には色鮮やかな花畑も現れる。

見どころ

- 「トドワラ」「ナラワラ」と呼ばれる立ち枯れの原生林の林は荒涼たる絶景として有名(上写真)。
- 遊歩道沿い、野付埼《のつけさき》灯台周辺に原生花園。センダイハギ・エゾカンゾウ・ハマナス・ノハナショウブなどが咲き乱れる。
- 春に流氷を真近で観察することができる。

ベストシーズン
6月中旬～8月上旬

アクセス
野付半島は非常にアクセスしにくく、鉄道路線など公共交通は基本的にはない。レンタカーなどを利用し、釧路市内から野付半島のネイチャーセンターまでは2時間30分程度。中標津空港からはクルマで50分ほど。7月中旬から、8月中旬までは路線バス「トドワラ号」が、10月中旬まではガイド付きの観光バス「知床釧路号」(要予約)が運行している。

011

仏ヶ浦

青森

マダガスカルの奇岩群にも似た奇岩塊石が群立する景勝海岸

90mを超える絶壁の海岸に、奇妙な筋の入った尖った巨岩群がある。ここは青森県下北半島にある仏ヶ浦という景勝海岸。マダガスカルの世界遺産、チンギ・デ・ベマラの針の山の奇岩群にもちょっと似ている。チンギの針型の岩は雨による長年の浸食の結果だが、仏ヶ浦は風雪厳しい津軽海峡の荒波が削り上げた大自然の造形美。日本人は昔からこの尖る岩に、地上らしからぬ天のわざを感じ、極楽浄土をイメージしてきた。奇岩には「如来の首」、「五百羅漢」、「十三仏《ぶつ》」などの名がつく。「恐山奥の院」とも呼ばれる。

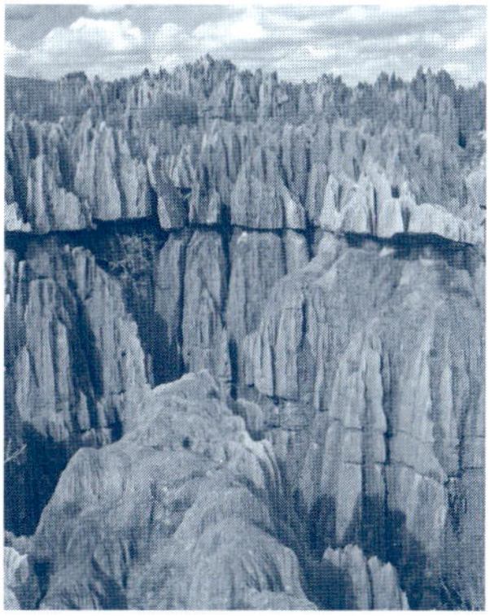

チンギ・デ・ベマラ（マダガスカル）

ベストシーズン
4月上旬〜11月上旬

アクセス
全景は海からしか見られず、観光遊覧船で訪れるのが一般的。高速観光船は4月25日〜10月31日まで佐井港から仏ヶ浦まで運行され所要時間30分。佐井まではむつ市よりバスで約2時間10分。クルマの場合は、むつ市から約1時間25分。国道338号から仏ヶ浦の海岸への歩道があり、海岸まで徒歩約15分。

見どころ

- 全長2kmに及ぶ奇岩の海岸は、観光遊覧船から壮大な全景を眺めることができる。
- 干潮時にしかたどり着けない岩場の先に「不老長寿の水」と呼ばれる湧水がある。
- 陸側は、国道沿いの展望台から絶景を楽しめる。

012
龍泉洞　岩手

013

御釜　宮城　10月

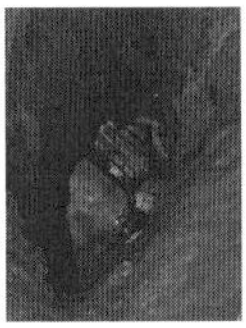

012

龍泉洞

岩手

地球奥深くへの冒険気分が味わえる 透明度バツグンの地底湖のある鍾乳洞

龍泉洞《りゅうせんどう》は岩手県岩泉町にある鍾乳洞で「日本三大鍾乳洞」の一つ。５㎞以上と推定される洞内は、七色にライトアップされ、つらら形など複雑な鍾乳石が取り囲む狭い通路が続く異次元の空間。その奥には名物の地底湖が４つもあり、特に第四地底湖は水深120ｍと深さ日本一、透明度でも世界有数を誇る。スロベニアの地底湖が流れる巨大なシュコツィアン洞窟群と同じように、インディー・ジョーンズの冒険気分が味わえる。地底湖の水は、透明度ゆえ“ドラゴンブルー”と呼ばれるほど青く美しい。

シュコツィアン洞窟群（スロベニア）

見どころ

- くらげ岩石、亀岩、ヴィーナス、ペンギン岩などの見ものの鍾乳石がある。
- 洞内には５種類ものコウモリが生息している。
- 龍泉新洞に洞内から発見された土器などが展示される自然洞穴科学館がある。

ベストシーズン
通年

アクセス
ＪＲ東北本線盛岡駅からＪＲバス東北「早坂高原線」に乗るのがもっとも便利。龍泉洞の停留所下車。所要時間約２時間20分。また、三陸鉄道北リアス線小本《おもと》駅から乗合バス（岩泉町民バス小本線）もある。龍泉洞停留所まで約30分。盛岡からＪＲ山田線で茂市駅を経由し、岩泉へいくルートも。岩泉市内からはバスで約10分。

013

御釜

宮城

地球の果てのような火口壁
変幻自在に色を変える湖

冬の樹氷とともに宮城蔵王《ざおう》の象徴となっている御釜《おかま》は、蔵王刈田岳《かっただけ》・熊野岳・五色岳の３峰に抱かれた円型の火口湖。その火口壁は高く、円形の湖水はエメラルドグリーンと、神秘的な雰囲気が漂っている。御釜の直径は約400mという巨大さで、火山大国、アイスランドの「地球の果て」のような地にある火口湖とも似た荒々しさ。御釜の水は生物が生息できない強酸性で、表面の温度は低く、深い部分は熱くなっている。太陽光の具合によって、さまざまに色を変化させるため「五色湖」と呼ばれている。

ベストシーズン
5月～10月（11月上旬～4月下旬までは見学不可）

アクセス
ＪR山形駅から路線バスで蔵王刈田山頂（お釜）行きを利用。所要時間約１時間40分。下車後徒歩約5分（運行日は要確認、冬期間運休）。または、上山市内から刈田駐車場行きのバス「グリーンエコー号」もある（運行日は要確認）。下車後はリフト（所要時間約6分）と徒歩（約4分）で。

見どころ

- **御釜の周囲の景観は、季節によってその趣を変える。**
- **天気の良い日にもっとも幻想的なエメラルドグリーンの火口湖が見られる。**
- **御釜にいたる有料道路のハイラインから蔵王の新緑と紅葉が楽しめる。**

014
川原毛地獄　秋田　8月

015

蔵王の樹氷　山形　2月

014

川原毛地獄

秋田

白い岩の惑星に迷い込んだような火山地帯に展開する異空間

秋田県湯沢市にある川原毛《かわらげ》地獄は、青森の恐山、富山の立山と並ぶ日本三大霊地。栗駒山の標高800mのあたりまで行くと、一面灰白色の山肌がむきだしの地が突然、現れる。木はもちろん草木もまったくない。火山活動の影響で、蒸気や熱気がいたるところから噴出し、強い硫黄臭が立ち込め、まさに鬼気迫る地獄を見るよう。まるで地球外の白岩の惑星に迷い込んだような雰囲気もある。「血の池地獄」や「針山地獄」など名前の付いた地獄風景が136もあり、おどろおどろしくも、その独特な美しさが人を魅了してやまない。

見どころ

- **遊歩道が整備され、道中歩きながら地獄だけでなく、三途の川や極楽など、死後の世界を味わえる。**
- **近くに「川原毛大《おお》湯《ゆ》滝《たき》」という名物の滝がある。ここは秘湯にふさわしい川原の露天温泉が多数ある。**

ベストシーズン

7月〜8月（11月上旬〜5月中旬までは見学不可）

アクセス

東京からは新幹線で大曲駅または新庄駅下車。新庄駅からは奥羽本線に乗り、湯沢駅へ（所要時間約1時間）。湯沢駅から川原毛地獄の駐車場まではクルマで約45分。秋田空港からはクルマで約2時間15分。駐車場は川原毛地獄の目の前に位置する。ここから大湯滝までは遊歩道を歩いて往復50分ほどかかる。

015

蔵王の樹氷

山形

まるで北極圏の樹氷並木
雪のオブジェが群立する山

氷点下10度以下の北極圏ラップランドではよく観察できる樹氷。木々が雪に包まれて固まる現象だが、日本でも宮城蔵王の標高1600m付近で、樹氷原が出現する。巨大な樹氷はゴジラなど怪獣のようなオブジェにも見える不思議さ。また、樹氷が山の斜面一面に群立するさまは、雪の惑星に迷い込んだみたいな迫力がある。樹氷の形成には高い標高、多量の過冷却水滴、氷点下の猛吹雪が必要で、樹氷は、そんな悪天候が生み出した奇跡。夜には赤や青にライトアップされると幻想的な世界が見られる。

ベストシーズン
1月〜2月

アクセス
蔵王の樹氷原へは、宮城県の遠刈田《とおがった》温泉からツアーで行くか、山形県の蔵王温泉からロープウェイで行く。遠刈田温泉はＪＲ東北新幹線の白石蔵王駅からバスで約50分。蔵王温泉はＪＲ山形駅からバスで約40分。蔵王ロープウェイ山麓線と、山頂線を乗り継いで頂上へ。ロープウェイの中からも樹氷群を堪能できる。

見どころ

- 雪上車「ワイルドモンスター号」で、樹氷群を間近で見るツアーが人気。
- ロープウェイの山頂展望台から、樹氷原の360度のパノラマを楽しめる。
- ライトアップは例年12月下旬から3月上旬まで。

016

袋田の滝　茨城　2月

017

嫗仙の滝　群馬　5月

016

袋田の滝

茨城

北欧の滝のような氷壁が現れる！ アイスクライマーが登る滝

名所が集まる大子町《だいごまち》。なかでも袋田の滝は日本三名瀑《めいばく》のひとつ。西行法師が「四季に一度ずつ来ないとこの滝の良さはわからない」と絶賛したとか。四季のなかでも、日本らしからぬ絶景を見せるのが冬。高さ120m、幅73mもの滝が凍結し、北欧フィヨルドで見られるような豪快な滝の氷壁が出現。アイスクライマーのメッカとなる。春になると、水が清らかに流れはじめ、夏には派手に水しぶきが上がり、虹も拝める。秋には紅葉が。その四季折々の姿には水戸光圀公も魅了されたという。

見どころ

- 滝の上から山に登る階段があり、上から滝の落ちるさまを見下ろせる。まさに絶景。
- 冬季に滝をライトアップするイベントがあり、幻想的な冬の風景が演出される。また、ピッケル片手に氷壁に挑むアイスクライマーも見もの。

ベストシーズン
通年

アクセス
東京から電車の場合は、ＪＲ上野駅からＪＲ「特急スーパーひたち号」で水戸駅下車。水戸駅からはＪＲ水郡線に乗り、袋田駅へ。所要時間は約1時間15分。袋田駅からはバスで終点滝本へ。所要時間は約8分。バス停から滝入口まで徒歩10分。クルマの場合は、常磐自動車道の那珂ＩＣより約70分。町営駐車場から徒歩15分くらい。

017

嫗仙の滝

群馬

日本の滝のイメージを超える
赤い不思議な岩肌の瀑布

群馬の名湯、草津温泉の湯畑に近い森の中にある嫗仙《おうせん》の滝。その妙に迫力ある姿は、完全に日本の滝のイメージを超えている。赤く染まった丸みを帯びた岩肌の真ん中から太い水が落ち、その両サイドは細い水が蛇のように岩を這うように流れている。左側の岩は対照的な黒。そして、滝中央にはなぜか２つの丸い穴が開いている。まるで前衛芸術家が創った作品のようにも見える不思議な威圧感と美しさ。嫗仙の「嫗」は老婆を意味する。たしかに、赤顔（岩）に白髪（水）の老婆が叫んでいるようにも見える。

見どころ

- **ポッカリ空いた滝壺の前まで行くと、35mの高さから落ちる滝の流れと飛沫の迫力を感じられる。**
- **滝の近くには、樹高30m以上、幹周約６mの名物のカツラの巨木（嫗仙の滝のカツラ）がある。**

ベストシーズン

5月〜11月中旬（午前中が見ごろ）

アクセス

東京駅からは長野新幹線で軽井沢駅へ。所要時間約1時間10分。軽井沢駅から草軽バスまたは西武観光バスで草津へ。所要時間約1時間30分。温泉街から遊歩道入口まで徒歩約40分。山道の散策路を入り約1㎞先に滝がある。所要時間約20分。クルマの場合は、関越道渋川伊香保ＩＣから国道353〜145〜292号を経由。

018

大谷石地下採掘場跡　栃木

018

大谷石地下採掘場跡

栃木

まるでピラミッドの内部！
知られざる地下60mの巨大空間

栃木県宇都宮市の大《おお》谷《や》は古くから「大《おお》谷《や》石《いし》」の産地として知られ、採石企業の城下町となっていた。今日では採石は廃れ、採石場には資料館が建っている。だが、この地下には巨大な採掘跡がいまも残る。深さは平均で30m、深いところは60m、広さは２万㎡（野球のグラウンド２個分に相当）と広大。その内部は直角に岩盤がくり抜かれ、まるでピラミッドのなかのような神秘的な空間が広がっている。日本では滅多にない異空間だけに、演劇やコンサート場、映画のスタジオとしても注目されているという。

見どころ

- 江戸時代の手掘りのツルハシ跡も残る巨大地下空間は、大谷資料館で一般公開されている。
- 同資料館には、大谷の地質から、時代ごとの採掘方法、搬出方法、輸送方法などの資料が広く展示されている。

ベストシーズン

通年（12/26〜31は閉館）

アクセス

東京駅からは東北新幹線でＪＲ宇都宮駅へ。所要時間約50分。ＪＲ宇都宮駅から大谷採掘場跡がある大谷資料館へは、関東バス大谷・立岩行に乗り、資料館入口停留所で下車。所要時間約30分。ここから徒歩約5分。クルマの場合は、東北自動車道で浦和ＩＣから宇都宮ＩＣを経由して約１時間15分。

奥入瀬渓流《オイラセケイリュウ》

青森

多種多様な景観を見せる！
岩と木々に囲まれた渓流美の街道

本州最北端にある山上湖である十和田湖。この湖を水源とする奥入瀬《おいらせ》川は、山を下り、十和田市街を通り、太平洋へ注ぐ。湖畔から焼山まで上流部分14kmの奥入瀬渓谷は、柱状節理（規則性ある割れ目）の岩壁や渓畔林（森林）に囲まれ、四季折々の趣ある多様な渓流美を見せる。名称のついた景勝地点が多数。焼山から最初に現れる「三乱の流れ」は、３つの川が岩場で合流し、ダイナミックで美しい。また、穏やかな流れから轟音を響かせる滝など、流れ落ちるさまも多様。渓流を沿う道を散策すれば、まさに絶景渓流の博物館のようだ。

ベストシーズン
5月下旬～11月上旬

アクセス
ＪＲ青森駅からＪＲバスで焼山へ（所要時間約２時間）。焼山からバスを乗り換え、子ノ口まで約30分。焼山から十和田湖の休《やすみ》屋《や》までは同ＪＲバスで約45分。４月中旬から11月上旬までは、青森駅・八戸駅から十和田湖方面を結ぶバス、みずうみ号・おいらせ号が運行している。

見どころ

- 幅20mもある銚子大滝は勇壮で見事な水量。遡上する魚を拒む滝といわれる。
- 九段の滝は複雑な地層が侵食され、段々に流れ落ちるさまが美しい。
- 阿修羅の流れは苔むした岩と急流の組み合わせ。写生や撮影の人気スポット。

019

吹割の滝　群馬　5月

020
首都圏外郭放水路　埼玉

019

吹割の滝

群馬

東洋のナイアガラと称される
巨岩を割るように流れる滝

渓谷を流れる川の水が河床を割るように流れ落ち、谷底から水しぶきが吹き上がる。群馬県の片品《かたしな》渓谷は太古に大規模な溶岩流が固まった岩の台地が片品川の水流に浸食されてできた長いV字谷の地形。ここに三方から来る川が流れ落ちる吹割《ふきわれ》の滝は世界三大瀑布《ばくふ》のひとつナイアガラの滝を思わせ、「東洋のナイアガラ」と呼ばれている。河床に落ちたおびただしい水は、鱒飛《ますとび》の滝へと続き、まさに水が踊るような壮絶な景色を生み出している。その昔、この滝壺は竜宮へ通じるといわれていた。

見どころ

- 渓谷内には120mの吊り橋もある遊歩道が整備され、2㎞のハイキングが楽しめる。
- 滝の上にある第1観瀑台(展望台)から眺めると、まさにナイアガラを実感できる。獅子岩など岩壁群の奇景、独特の渓谷美も見もの。

ベストシーズン
4月上旬～11月初旬(冬期通行止めあり)

アクセス
電車の場合、東京駅からはJR上越新幹線で高崎駅まで約55分。高崎駅からはJR上越線に乗り、沼田駅へ(所要時間は約45分)。沼田駅からは関越交通バスで「吹割の滝」停留所下車(約45分)。ここから徒歩で約10分。クルマの場合は、関越自動車道沼田ICから国道120号を経由し、日光方面へ。所要時間は約30分。

020

首都圏外郭放水路

埼玉

まさに地下の大神殿！
世界最大級の地下放水路

埼玉県春日部市の多目的グラウンド。周囲には住宅街が広がるこの地下に、地下神殿とも地下迷宮ともいわれる巨大な空間がある。幅は78m、長さ177m、高さ18mの空間内には、古代ギリシャのパルテノン神殿を思わせる巨大な円柱が多数立つ。実はここ、国土交通省が建設した河川水の放水路。その調圧水槽がまるで大神殿のような絶景だと話題に。梅雨の湿度の高い時期には、空間全体にモヤが発生し、ますます幻想的な空間になる。台風が来て水が溜まった姿を想像するのもおもしろい。国交省が開催する見学会は毎回、盛況。巨大空間に、人はなぜか魅了されてしまう。

見どころ

- **予約制で見学会が開催されている。巨大空間の調圧水槽をはじめ、水を掻き揚げる巨大なインペラ（ポンプの羽）などが見もの。**
- **地底探検ミュージアム「龍Ｑ館」で、放水路の活躍ぶりを映像で堪能できる。**

ベストシーズン
通年（月曜日・年末年始は閉館）

アクセス
東武野田線南桜井駅下車（北千住駅から春日部駅を経由し約37分）。駅北口からは徒歩で約40分（約3km）。駅からは春日部市コミュニティバス「春バス」が運行している。庄《しょう》和《わ》地区ルートに乗り、「龍Ｑ館」停留所で下車。タクシー利用の場合は約7分。首都圏外郭放水路は、多目的広場（春日部市上金崎720）の地下にある。

021
妙義山　群馬　5月

021

妙義山

群馬

武陵源の盆栽のような奇岩と似る
日本では珍しい奇勝の山

群馬県南西部にある妙義山《みょうぎさん》は標高約1100m。低山に分類されるが、標高とは裏腹に上級登山コースは、幅が50㎝以下の痩せ尾根の道や鎖場《くさりば》などが連続して、滑落事故も多い。この山は風化と浸食が山の麓まで進んだため、切り立つような岩峰がつくられた。「ロウソク岩」「大砲岩」などと大仰な名のついた奇形の巨大岩には豊かな樹木が張り付いている。日本では稀な荒々しさだが、映画『アバター』の惑星パンドラのモデルとされる中国の世界遺産、武陵源《ぶりょうげん》の盆栽のような奇岩群と似ている。

武陵源(中国)

見どころ

- 大砲岩、ユルギ岩、虚無僧《こむそう》岩などの岩石群は日本屈指の山岳美を誇り、日本三大奇勝に数えられる。
- 東側の中腹に白雲山を御神体とする荘厳な妙義神社。
- 秋は奇岩に根を張る木々の紅葉が美しい。

ベストシーズン
通年

アクセス
東京からは新幹線で高崎駅へ。所要時間約55分。高崎駅からは信越線で松井田駅へ。所要時間約23分。駅からタクシーで約10分。クルマの場合は、上信越自動車道、松井田妙義ICから約5分。一般的なハイキングコースから上級者向け登山コースがある。上級コースはザイルなど重装備が必要。頂上まで約12㎞の行程。落石による通行止め情報に注意。

小安峡《オヤスキョウ》

秋田

岩から蒸気、湯が噴き出す！
大自然に抱かれた秘境の峡谷

高さ60mの渓谷の底——。切り立つ岩盤の隙間から熱湯が轟音とともに吹き出す。小安峡《おやすきょう》の大噴湯は、立ち込める湯気の煙と緑に抱かれた渓谷が美しい絶景温泉。国道から渓谷の川底へいたる階段をくだると、目の前の岩間から勢いよく真横に噴煙が噴き出している。崖の岩盤は太古からの浸食を表す岩の地層の筋が走り、滝も多数流れ落ちる。温水が滝となって流れるというのは、日本ではかなり珍しい。秋には渓谷全体が紅葉に包まれる見事な風景のなかで、秘境に轟く大音響の噴湯に自然のパワーを感じる。

見どころ

- **渓谷底の川沿いの散策路から98度の湯気を噴出する噴出孔を間近に見られる。**
- **断崖の上にある河原湯橋は大噴湯を真下に臨む絶好のポイント。**
- **小安峡温泉郷には公共浴場が整備され、近隣には露天温泉やキャンプ場もある。**

ベストシーズン

新緑の5月と紅葉の10月

アクセス

東京からは新幹線で大曲または新庄駅下車。新庄駅から奥羽本線に乗り、湯沢へ（所要時間約1時間）。駅から羽《う》後《ご》交通小安温泉行きバスで約1時間、川原湯、とことん山、元湯の各停留所下車。徒歩すぐ。クルマの場合は、湯沢横手道路の湯沢ICより約55分、東北自動車道一関ICから約1時間40分。

022
小笠原諸島　東京　6月

023
地獄のぞき　千葉　8月

022

小笠原諸島

東京

日本のガラパゴスと称される 絵に描いたような南の島のビーチ

独自の生態系で「日本のガラパゴス」と称される小笠原には、日本の風景とは一線を画す、絵に描いたような南国ビーチが満載。タスマニアのワイングラス・ベイは世界10大ビーチとして有名だが、小笠原の海岸もそれに匹敵する。父島の小港海岸は、三日月形の白浜に遠浅のグリーンの海。南島の扇池には丸い天然プールのような白い砂浜も。海にはクジラ、イルカ、ウミガメが泳ぎ、ジュラシック・パークのような森と動物たち、心癒される楽園と呼ぶにふさわしい風景がここにある。

ワイングラス・ベイ（ニュージーランド）

ベストシーズン
5月〜10月

アクセス
東京から南へ約1000kmの小笠原諸島には、飛行場がなくフェリーを利用する。父島へのアクセスは、定期船「おがさわら丸」で東京の竹芝桟橋から約24時間（1泊2日）で、二《ふた》見《み》港《こう》に到着する。 父島からさらに南へ50kmにある母島へはフェリーで約2時間。「おがさわら丸」は夏のオンシーズンには3日に1便、その他時期は約1週間に1便就航。

見どころ

- 三日月展望台から海を泳ぐクジラ、太平洋のダイナミックな夕陽が見られる。
- 南島は世界的に珍しい枕水《ちんすい》（海中に沈む）カルスト地形の絶景。ウミガメが産卵に来る。
- 「宮之浜海岸」は珊瑚が群生する海岸として有名。

023

地獄のぞき

千葉

海外の巨大渓谷にある岩場にも似た思わず足がすくむ展望岩場

千葉県房総半島にある鋸山《のこぎりやま》。かつての採石のためギザギザとなった岩肌が露出する山は、全体が日本寺の境内となっている。頂上に向かって伸びる階段を登っていくと、頂上の展望台が崖に突き出た岩場。通称、地獄のぞき。スケールは桁違いだが、アメリカのグランドキャニオンや豪州のブルー・マウンテンズの空に突き出た岩場にも似ている。だが、ここは突き出た岩が下り坂。クセになりそうなスリルが味わえる。そんな地獄のぞきから、晴れた日は東京湾、房総半島、富士山を一望できる。

ブルー・マウンテンズ（オーストラリア）

見どころ

- **登山の所要時間90分。途中、座る大仏として日本最大級の大仏（高さ31m）がある。山肌を直接削った磨崖仏《まがいぶつ》、百尺観音菩薩像も名物。**
- **ほかにも、道中に千五百羅漢像など。最近はパワースポットとしても人気急上昇。**

ベストシーズン
通年

アクセス
電車の場合、ＪＲ東京駅からは京葉線で蘇我を経由し、ＪＲ内房線で浜金谷駅へ。所要時間は2時間ほど。浜金谷駅からは8分ほど歩き、ロープウェイの鋸山山麓駅へ。ロープウェイに4分ほど乗り山頂駅へ。「地獄のぞき」までは山道を徒歩約20分の行程となる。クルマの場合は、富津館山道路の鋸南保田ＩＣから約10分。

024

青ヶ島　東京

024

青ヶ島

東京

まるで岩山の王宮跡シギリヤロック！ヘリコプターで訪れる絶海の離島

青ヶ島は八丈島の南に位置する、日本一人口の少ない村。その人口は200人弱と少ないのも当然、島は360度200m近い断崖に囲まれ、小型船が着岸する岩場があるのみ。八丈島からの定期便は天候不良のため欠航が多い。唯一確実なのは八丈島からのヘリコプター。島内に公共交通機関はなく、絶壁の島を火口壁が二重に取り囲む。島を横から見るとスリランカの世界遺産「シギリヤ」にも。崖の上から見る果てしない太平洋の眺望、噴出する蒸気、水平線までの星空など、すべてが日本の常識からは規格外の島なのである。

ベストシーズン
夏（ヘリコプターなどの交通が安定）

アクセス
羽田空港から飛行機で八丈島へは約45分。または、竹芝桟橋からフェリーで八丈島へ（約10時間）。八丈島から青ヶ島への連絡船（約2時間30分）は毎日出るが、就航率は50〜60%。乗客定員9名のヘリコプター（東京愛らんどシャトル）も毎日就航。所要時間は約20分。ただし、希望が多く予約を取りにくい。

見どころ

- **尾山展望公園から見る二重火山の外輪山と、360度に広がる大海原の景観は圧巻。**
- **「ジョウマン」という崖の上は、日本とは思えない満天の星を見るポイント。**
- **神木の茂る「恋ケ奥」は青ヶ島のパワースポット。**

まだまだある！日本の絶景④

五色沼《ゴシキヌマ》

福島

ロッキー山脈の氷河湖を思わせる
五色に輝く神秘の湖沼群

福島を代表する山、磐梯山。この山が1888年に噴火して生まれた常磐高原に、カラフルな水の色をもつ湖沼群《こしょうぐん》がある。ロッキー山脈の氷河湖のような景色のなかで輝く水面は、まさに神秘。たとえば、青白色に光る「青沼」、赤い鉄錆色に染まる「赤沼」、３つの色が混ざる「みどろ沼」、幻想的な色の「瑠璃沼」など。これら湖沼の多彩な色の秘密は、湖底の植物や藻、さらに水中の火山性成分の微粒子にある。その大きさの違いが色の違いを生み出すという。裏磐梯には、ほかにも「桧原湖《ひばらこ》」「秋元湖《あきもとこ》」など大小300もの美しい湖がある。

ベストシーズン

5月〜10月

アクセス

東京からは東北新幹線郡山駅下車。郡山駅からＪＲ磐越西線に乗り、猪苗代駅へ。所要時間は約45分。猪苗代駅からバスで裏磐梯へ（所要時間約30分）。五色沼は徒歩すぐ。クルマは、東北自動車道郡山ジャンクションから磐越自動車道、猪苗代磐梯高原ＩＣで降り、国道で裏磐梯へ（約45分）。新宿から猪苗代まで直通バス便もある（約４時間）。

見どころ

- **もっとも神秘的な瑠璃沼は、見る位置で湖面の色がさまざまに変化する。柳沼は、紅葉の季節にはカエデやウルシで湖面が美しく染まる。**
- **青緑色に光る毘沙門沼から磐梯山の荒々しい火口の絶景を見ることができる。**

025

大谷の雪壁　富山　4月

026

千里浜なぎさドライブウェイ　石川　8月

025

大谷の雪壁

富山

氷河地帯の巨大クレバスみたいな大迫力の雪壁の道

立山黒部アルペンルートは、富山の立山駅から長野の扇沢《おうぎさわ》駅を結ぶ大規模な山岳観光道路。なかでも、室堂《むろどう》平《だいら》は世界有数の豪雪地帯。積雪の深さは平均７m。だが、室堂駅近くの大谷は20mを越えることも。高くなる理由は、吹雪で舞い上がる雪が溜まる場所だから。この大谷内を通る立山有料道路に積もった雪を、４月に除雪してできるのが雪の壁。その長さは約500mにも及び、南極に開いた巨大クレバス（割れ目）のような断崖絶壁となる。道から見上げると、全面真っ白な大迫力を感じられる。

ベストシーズン
4月中旬〜5月中旬

アクセス
雪壁ウォークは、信州側からと富山側の2つの行き方がある。信州側は、信濃大町駅からバスで扇沢（約40分）に行き、トロリーバス、ケーブルカー、ロープウェイを乗り継ぎ、黒部ダム経由で約1時間30分。富山側は、富山地方鉄道で立山駅に行き，ケーブルカー、バスを乗り継いで約1時間。両ルートとも、混雑状況により所要時間が大きく変わるので注意。

見どころ

- 500mの「雪の大谷」区間は、例年４月から片側が歩行者用通路として開放されている。４月中は除雪車の実演も見られる。
- 室堂平の北には火口に水が溜まってできた、ミクリガ池と地獄谷温泉がある。

026

千里浜なぎさドライブウェイ

石川

フロリダの海岸を思わせる？
日本唯一の海岸ロード

能登半島の千里浜《ちりはま》は全長８kmの北陸を代表する海岸。直線の砂浜が延々と続く光景は、日本の海岸線とは一線を画している。だが、もっとすごいのはアメリカのデイトナビーチ（フロリダ州）と同じように、波打ち際の砂上を堂々とクルマが走れること。バイクや乗用車はもちろん大型観光バスも走る公道となっており、交通標識もちゃんとある。日本では唯一のクルマが走れる砂浜である理由は、非常に細かい砂粒が適度な水分で強く固まっているため。道路沿いは遠浅の海。海水浴客でも賑わう。

ベストシーズン

春～秋（夏休み中は渋滞も）

アクセス

石川県羽咋《はくい》郡宝達志水《ほうだつしみず》町今浜から同県羽咋市千里浜町までの8km。東京駅からは北陸新幹線で金沢駅へ。所要時間は約2時間30分。金沢駅から七尾線に乗り換え羽咋駅下車。所要時間約１時間。駅からタクシーで約７分。クルマの場合は、北陸自動車道金沢森本ＩＣ、山側環状道路白尾ＩＣ、のと里山海道今浜ＩＣ下車。

見どころ

- **至福のドライビングポイント。波しぶきを上げての走行も可。**
- **夏場は遠浅の砂浜で潮干狩りも楽しめる。夜はイカ釣り漁船の漁火がズラリと並ぶ。**
- **道路のある能登半島国定公園内にはゴジラ岩、能登金剛などの絶景海岸も多数。**

027

東尋坊　福井　8月

028
奥大井湖上駅（大井川鐵道）　静岡　12月

027

東尋坊

福井

柱状の岩が浸食されて生み出された岩の惑星のような異空間

福井県の越前加賀海岸国定公園にある東尋坊《とうじんぼう》は、日本海の荒波に削られた断崖が約1kmも続いている。この豪快な断崖の景観が“日本海の奇勝”と呼ばれるのは、地質学的に貴重な輝石安山岩《きせきあんざん》の柱状節理（５〜６角形の柱状の岩）のため。楯ヶ崎なども柱状節理だが、輝石安山岩はほかに日本にはないという。海岸の岩場は柱状の岩が荒波によってカットされ、海岸まで行くと岩の惑星に迷い込んだ雰囲気も。崖の上から望む海に浮かぶ岩が夕陽に照らされる風景は格別に美しく、まさに絶景。

ベストシーズン
通年

アクセス
東京駅からは北陸新幹線の金沢駅でＪＲ特急北陸本線に乗り換え、芦原《あわら》温泉駅へ。所要時間約３時間20分。芦原温泉駅から京福バスで東尋坊バス停までは約40分。飛行機の場合は、小松空港から東尋坊までタクシー、またはバスで約50分。クルマの場合は東名・名神高速米原ＪＣＴ経由、北陸道金津ＩＣ経由。東京から約８時間20分。

見どころ

- 遊覧船からは「夫婦岩」「ろうそく岩」「屏風岩」「軍艦岩」「ライオン岩」「千畳敷」などの名のつく奇勝・怪石のオンパレードを見ることができる。
- 散策路にある東尋坊タワーの上から、日本海の絶景を楽しめる。

028

奥大井湖上駅（大井川鐵道）

静岡

日本版レーティッシュ鉄道！？ 湖上に浮かぶ秘境駅と橋

静岡県寸又峡《すまたきょう》温泉に近い渓谷にある接岨湖《せっそこ》。スイスアルプスを登る絶景鉄道として有名なレーティッシュ鉄道さながら、大井川鐵道《てつどう》の列車は日本一の急勾配のレールを登り、ダム湖の上の鉄橋を通り過ぎる。鉄橋の途中には湖の上にぽかんと浮かぶように奥大井湖上駅。山の尾根の切先に位置するこの駅は、絶景を楽しめる秘境の無人駅として鉄道マニアの間では有名。トロッコ列車や蒸気機関車も走る列車の車窓からは山岳鉄道特有のスリルと、紅葉に染まる雄大な山と湖の景色が同時に味わえる。

レーティッシュ鉄道（スイス、イタリア）

見どころ

- **鉄道はレールの間に歯車のある本格登山鉄道。湖近くには私鉄陸橋で日本一の高さの関の沢鉄橋もある。**
- **湖を渡る鉄橋（レインボーブリッジ）には歩道も。**
- **駅の上にあるコテージから紺碧の接岨湖を一望。**

ベストシーズン

通年（特に新緑の春と紅葉の秋）

アクセス

ＪＲ東海道線金谷駅から大井川鐵道に乗り換える。千頭《せんず》駅で人気のトロッコ列車（井川線南アルプスあぷとライン）に乗り換え、奥大井湖上駅まで所要時間は約2時間15分。また、金谷から千頭間は日に数本ＳＬが走る（事前予約が必要）。クルマの場合は、東名高速道路相良《さがら》牧之原ＩＣ～国道1号～県道64号～77号を経由して約1時間25分。

029

西沢渓谷　山梨　5月

030

堂ヶ島天窓洞　静岡

029

西沢渓谷

山梨

クロアチアのプリトヴィッチェ湖群にも似た階段状に清流が流れる癒しの滝

マイナスイオンたっぷりの「癒しの森」として知られる西沢渓谷は、山梨県の秩父《ちちぶ》多摩《たま》甲斐《かい》国立公園内にある。そのリラックス効果が実証され、「森林セラピー基地」に認定されている。渓谷内は、巨大な岩々と原生林が生い茂り、そのなかで、多くの滝と泉が形成され、幻想的な雰囲気を醸し出している。特に、日本の滝らしからぬ美しさなのが「七ツ釜五段の滝」。7つの丸い滝壺が見事に階段状に整列している。しかも、滝壺の水はエメラルドブルーなのだ。世界的名勝クロアチアのプリトヴィッチェ湖群の棚田状の滝を思わせる。

プリトヴィッチェ湖群（クロアチア）

ベストシーズン

5月中旬～下旬、10月中旬～下旬（冬期入山不可）

アクセス

東京からはJR特急「かいじ号」に乗り、山梨市駅へ。所要時間約1時間44分。駅から山梨市営バス西沢渓谷線に乗り、西沢渓谷入口停留所下車。所要時間約58分。クルマの場合は、中央自動車道勝沼ICから1時間。関越自動車道花園ICから2時間。渓谷内には約3kmと10kmのハイキングコースあり。

見どころ

- **渓谷内は、七ツ釜五段の滝のほか「三重の滝」「魚止の滝」「竜神の滝」「恋糸の滝」などの名をもつ滝が続く。**
- **渓谷内はハイキングコースが整備され、春は岩肌につく新緑やシャクナゲの花、秋はカエデの紅葉が楽しめる。**

030

堂ヶ島天窓洞

静岡

イタリアの「青の洞窟」を思わせる天窓の開いた海岸の洞窟

西伊豆にある堂ヶ島の海岸線は壮大な断崖が続いている。断崖には波が削り出した蜂の巣のような海食トンネルが多数。その洞窟群のひとつ天窓洞は、中央の天井にぽっかりと天窓のような穴が開き、晴れた日には暗い内部にスポットライトのような光が差し込む。すると、海面がエメラルドブルーに輝くという幻想的な空間が。その光景は、さながらイタリアのカプリ島にある名勝「青の洞窟」のよう。堂ヶ島に上陸し、遊歩道から見下ろす天窓洞の中の青い泉のような海面もまた神秘的で美しい。

見どころ

- 天窓洞の内部は147mもある。名物の遊覧船で洞窟の内部をめぐれば青の洞窟を味わえる。
- 堂ヶ島の断崖や老樹の茂る海岸美が美しい。
- 三四郎島は干潮時だけ砂の道が現れ、歩いて渡れる。

ベストシーズン
通年

アクセス
東京からは新幹線で熱海駅へ。所要時間約50分。熱海からＪＲ特急「踊り子号」で伊豆急下田駅へ。所要時間は約1時間25分。伊豆急下田駅からは東海バスの堂ヶ島行きに乗って約60分、終点で下車、停留所から徒歩約５分。クルマの場合は、東名高速沼津ＩＣから国道1号、伊豆中央道経由で約75km。

031

大室山　静岡　5月

031

大室山

静岡

韓国の世界遺産の墳墓にも似た一面が草の美しいシルエットの山

大室山《おおむろやま》は静岡県伊東市にある火山。約4000年前と新しい時代に誕生した火山で、お椀のような整った形になっている。大室山は、毎年一回山焼きが行われるため、大きな木々はなく、一年生の植物が山全体を覆うという「草山《くさやま》」。そのシルエットはとても柔らかく、まるできれいに整えられた人工の山と見間違えるほど美しい。また、季節によってさまざまな山野草が咲き乱れる、日本ではとても珍しい山となっている。青芝で染まる時期は、韓国の慶州歴史地区にある世界遺産の緑の丸い古墳にも見える。

見どころ

- **つつじ、桔梗、パンパスグラスなどの野草の花が咲き、四季により装いを変える。**
- **すり鉢型の頂上は広場になっており、ここまでリフトで登ることができる。**
- **毎年2月の第2日曜日に伝統の山焼きが行われる。**

ベストシーズン

通年（特に新緑の季節）

アクセス

東京からはJR特急「踊り子号」に乗り、伊東駅へ。伊東駅からシャボテン公園行きのバスに乗り、シャボテン公園バス停下車約40分。伊豆高原駅よりシャボテン公園行きバスでも約30分。頂上までのリフトは約6分。クルマは東名厚木IC〜小田原厚木道路小田原IC〜国道135号経由、約2時間。

下栗の里《シモグリノサト》

長野

「日本のチロル」と称される山の斜面に家が点在する天空の里

オーストリア西部のチロル地方はアルプス山脈に囲まれた、山の斜面ののどかな田園風景で知られる。長野県にある「下栗の里」も、日本アルプスを望む山の斜面に民家と耕作地が張り付くように点在し、「日本のチロル」と称されている。谷底に向かう標高800m～1100mの間にある里に入ると、傾斜角はなんと30度以上もあり、道と民家はまさに崖の上。ここから望む南アルプスの山々の景観がとにかく美しい。宮崎駿アニメ『千と千尋の神隠し』の製作の原点となった風景としても知られている。

ベストシーズン
5月～11月

アクセス
新宿駅からはＪＲ中央本線特急で岡谷駅を経由し、飯田駅へ。所要時間は約４時間45分。飯田駅から路線バスで上町バス停へ。所要時間約60分。バス停からはタクシーで約15分。クルマの場合は中央道飯田ＩＣから矢筈トンネルを経由して約75分。里から遊歩道を約20分歩いた山林内に天空の里ビューポイントがある。

見どころ

- 散策路の先の「天空の里ビューポイント」でアルプスと里全体の絶景を堪能できる。
- 紅葉の時期には、夕日に照らされた山々が赤や黄色に埋め尽くされる。
- 毎年12月に里で『霜月まつり』が行われる。

032

楯ヶ崎　三重　7月

033

竹田城跡　兵庫　11月

032

楯ヶ崎

三重

遥か彼方の絶海風景を思わせる
楯のような柱が並ぶ巨大な岩壁

船の難所として有名な三重県熊野灘。海上に巨大な楯を並べたような大岩壁が立つ。楯ヶ崎の岩壁が無数の楯のような柱の連なりに見えるのは柱状節理という現象のため。マグマが冷却される際に地殻変動が起こり、岩がずれずに規則的に割れ目を生じると、このような柱の列がつくられる。散策路に分け入ると、千畳敷《せんじょうじき》と呼ばれる平らな巨大一枚岩の台地があり、先へ進むと海の中に突然現れる人を拒絶するかのような高い崖。上部には緑の植物が覆い被さる。日本から遥か離れた絶海の地に来たような気分になる。

見どころ

- **楯ヶ崎を周遊する遊覧船に乗ると、大迫力の岩壁を間近で楽しむことができる。**
- **約2kmのハイキングコースには、千畳敷、阿古師神社、二木島《にぎしま》灯台がある。**
- **周囲はさまざまな奇岩や貴重な植物体系が見られる。**

ベストシーズン
通年

アクセス
和歌山駅からＪＲ特急を利用し、新宮で紀勢本線に乗り換え、二木島駅へ。所要時間は約4時間。駅から楯ヶ崎遊歩道入口までタクシーで約15分。徒歩だと約90分。遊歩道入口からハイキングロードを歩き約45分で楯ヶ崎の海岸に着く。名古屋駅からはＪＲ特急利用で、尾鷲《おわせ》駅を経由して二木島駅へ。約3時間20分。

033

竹田城跡

兵庫

日本のマチュピチュとして大人気の天空の城

雲海に浮かぶ日本屈指の大きさを誇る石垣遺構の竹田城跡。その姿はまさに天空の城のようなイメージがあり、いまや「日本のマチュピチュ」として大人気の観光スポットとなっている。最近は「恋人の聖地」にも認定され、若いカップルたちも多数訪れる。室町時代に山名持豊《もちとよ》によって築城され、関ヶ原の戦い後に廃墟となった。だが、南北は400m、東西は100mに及ぶ堂々たる石垣は、いまも当時の面影を残す。石垣の姿は、虎が勇ましく臥せているように見えることから「虎臥《とらふす》城」とも。

マチュピチュ（ペルー）

ベストシーズン
10月中旬〜11月中旬

アクセス
ＪＲ姫路駅からＪＲ播但線に乗り、寺前駅で和田山行き列車に乗り換え、ＪＲ竹田駅で下車。所要時間は約1時間35分。飛行機の場合は、神戸空港から神戸新交通ポートアイランド線で三宮駅、姫路駅を経由し、ＪＲ竹田駅へ。所要時間は神戸空港から2時間55分。竹田駅からは、駅裏登山道などで徒歩約40〜50分の登山の行程となる。

見どころ

- 名物の雲海（朝霧）は、9〜11月の明け方から午前8時頃までが発生しやすいタイミング。寒暖差が激しく晴れる日に霧が出る。
- 城の東側にある「立雲峡《りつうんきょう》」という自然公園が雲海に浮かぶ城を見る（撮る）ポイント。

<u>*034*</u>

なばなの里　三重　12月

034

なばなの里

三重

宇宙を思わせるほどのイルミネーション
光に包まれた花空間に癒される！

なばなの里は、三重県にある花をテーマにした大型リゾートパーク。日本最大級の花広場をはじめ、バラの花園、ベコニアガーデンなどがあり、広い敷地一面に色とりどり咲き乱れる。展望台から眺めると、まさに花の絨毯。圧巻は例年冬期に開催されるイルミネーションイベント。2013年度は850万球がライトアップされ、富士山と太陽が重なるダイヤモンド富士、光のトンネル、光の雲海、光の大河などがお目見えした。花の宇宙に迷い込んだような、幻想的なきらめきに老若男女、心が癒される。

ベストシーズン
通年(イルミネーションは10月下旬～5月下旬予定)

アクセス
イルミネーション期間（10月下旬～5月下旬）は、近鉄名古屋駅から近鉄長島駅へ。所要時間約24分。近鉄長島駅から直通バスで10分。ＪＲ・近鉄桑名駅から三重交通バスで約10分。6月上旬～10月下旬は、名古屋駅すぐの名鉄バスセンターから三重交通バスか名鉄バスで約31分。クルマは、名古屋から東名阪自動車道湾岸長島ＩＣ経由で約30分。

見どころ

- **冬の風物詩として定着したウインターイルミネーション。しだれ梅、河津桜などがライトアップ。**
- **園内には、長島ビール園、花市場、日帰り温泉なども。**

まだまだある！日本の絶景⑥

善五郎の滝《ゼンゴロウノタキ》

長野

端正な水の流れと水しぶきの迫力
乗鞍岳を背景に絵になる名瀑

避暑、スキー、温泉と、長野県の人気観光地である乗鞍《のりくら》高原。名峰飛騨山脈の乗鞍岳にいたる途中にある善五郎の滝は、乗鞍三滝の一角に数えられる名瀑。白樺林の遊歩道を抜けた先に現れる滝は、落差22m、幅８m。まさに水のカーテンのように、滝幅いっぱいに均等に水が落ち、端正で幻想的な眺めを見せるのが特徴となっている。水しぶきが霧のようにあたりを覆い、滝は東を向いているため、朝日を受けて美しい虹を描くことも多い。森のひらけた場所に位置し、遠くからでもその勇姿を眺めることができる。

◎ベストシーズン
雪解け後の5月、6月（基本的に通年）

◎アクセス
長野駅からＪＲ特急「ワイドビューしなの号」で松本駅へ。所要時間約50分。松本駅から松本電鉄上高地線に乗換え、新島々駅下車。所要時間約30分。駅から休暇村行バスにて約60分。休暇村から徒歩20分ほど。クルマの場合は、長野道松本ＩＣから国道158号経由県道乗鞍岳線にて約１時間。

見どころ

- **滝見台からの眺めは滝上に乗鞍岳が映えて、まるで絵画のような絶景を見せる。**
- **水しぶきが舞う滝壺に近づくと、マイナスイオンと豪快な滝の勇姿を楽しめる。**
- **冬の滝は完全凍結。日差しを浴びて、氷の柱は青白く幻想的に輝く。**

035

友ヶ島　和歌山

036

海金剛　和歌山　3月

035

友ヶ島

和歌山

まるであの「ラストシーン」のよう！
要塞施設が残る無人島

淡路島に近い紀伊海峡に浮かぶ友ヶ島。この島はテレビの「無人島サバイバル合宿」のロケ地となり、大阪から観光船で日帰り可能な無人島として知られている。島は明治から第二次大戦中まで日本軍の要塞施設となり、戦後は国立公園に。いまも多数の砲台跡、弾薬庫、軍馬舎、将校官舎などが当時のまま残るという異次元の世界が展開する。苔がむす古い煉瓦造りの建物が森に埋まるさまは外国の森で発見された遺跡を思わせるが、そこに行けば『天空の城ラピュタ』のラストシーンに参加しているような気分になれる。

見どころ

- 島内の道は軍用路のまま。6カ所の砲台跡、沖ノ島山頂には航空保安無線施設も。
- 明治５年に英国人が設計した、日本で８番目に建てられた洋風建築の灯台がある。
- 大蛇伝説の残る植物が群生する大きな湿地帯がある。

ベストシーズン
通年

アクセス
友ヶ島は神島、地ノ島、沖ノ島、虎島の四島を合わせた総称。定期船が着くのは沖ノ島。ＪＲ和歌山駅から南海加《か》太《だ》線の和歌山市駅を経由して、加太駅へ。所要時間約50分。加太駅から徒歩15分ほどで加太港へ。沖ノ島行きのフェリーは時期によって日に2～6便就航する。所要時間は約30分。

036

海金剛

和歌山

ピラミッドのような岩が連なる
迫力満点の景勝海岸

本州最南端にある串本《くしもと》町。熊野灘の海岸から橋をわたった先に浮かぶ紀伊大島は、最初にアメリカ船が来航した地として知られる。島の鷹の巣岬の切り立つ断崖絶壁の下には、ピラミッドのように尖った岩が圧倒的スケールで連なり、海に突き出る。初めて見たら、こんな迫力ある海岸が日本にあるのかと驚くはず。象徴的な三角の岩群は「髪梳《かみす》き岩」と呼ばれる。船の難所として有名な熊野灘の荒波が、鋭く切り立つ岩にぶつかって砕け散るさまも圧巻。「21世紀に残したい日本の自然百選」にも選ばれている。

ベストシーズン
10月下旬～3月

アクセス
和歌山駅からJR特急「くろしお号」で串本駅へ。所要時間約2時間15分。東京からは羽田空港から飛行機で南紀白浜空港へ。連絡バスで白浜駅を経由し、JR紀勢本線で串本駅へ（約2時間30分）。串本駅からはコミュニティバスで樫野バス停へ（約36分）。海岸までは徒歩約15分。観光周遊バスもある。

見どころ

- 展望台から、奇岩、巨岩が林立する大海原を堪能できる。樫野埼灯台も遠望できる。
- 駐車場から展望台までは、風光明媚な森林浴道が整備されている。
- アメリカ船来航の様子を展示する日米修好記念館がある。

037

橋杭岩　和歌山　11月

037

橋杭岩

和歌山

橋の杭にも見える
列をなしてそそり立つ不思議な岩

海外には不思議な形の岩が立つ海岸があるが、日本でいうなら和歌山県の串本町にある橋杭岩《はしくいいわ》。その海岸は巨大な石が列をなして並び、周りには大きな岩がゴロゴロ転がる非日常空間。海岸から紀伊大島へ海の中を850mの直線にわたって約40の不思議な形の岩が並ぶさまは、名前の通り橋の杭のよう。弘法大師が天邪鬼《あまのじゃく》と賭をし、一夜にして立てたという伝説が残る。また、周囲に転がる岩は江戸時代の宝永地震と津波によるものとの説もある。岩間から昇る朝日は「日本の朝日百選」に選出。

ベストシーズン
通年（特に7月～9月）

アクセス
JR和歌山駅から「特急くろしお号」に乗り串本駅へ。所要時間は約2時間10分。串本駅からは国道42号線沿いに徒歩20分ほどで到着。串本駅前からコミュニティバスに乗ると、橋杭岩バス停まで3分。バス停から徒歩すぐ。串本駅から観光周遊バスも出ている。クルマの場合は、阪和道南紀田辺ICから国道42号を経由。約1時間30分。

見どころ

- 国道42号線沿いの弘法大師堂の隣に鳥居があり、ここが橋杭岩を見下ろすビューポイント。橋のように一直線に並ぶさまが見られる。
- 干潮になると、海の中の弁天岩まで石が転がる中を歩いて行くことができる。

まだまだある！日本の絶景⑦

昇仙峡《ショウセンキョウ》

山梨

中国の泰山にたとえられる
絶妙に重なる奇岩の渓谷

昇仙峡《しょうせんきょう》は中国の世界遺産、泰山《たいざん》によくたとえられる。ともに奥深い山脈の霊山で、迫力ある巨大な奇岩が名物。特に、奇岩が垂直に切り立つ絶壁の山である「覚円峰《かくえんぼう》」の絶景はまさに泰山そのもの。昇仙峡の「石門」や「浮石」は、巨大な花崗《かこう》岩が不安定なバランスで絶妙に重なったものだが、泰山にも岩が奇跡のバランスで重なった「仙人橋」がある。「仙人橋」は孔子が渡ったとの伝説をもつが、昇仙峡の覚円峰もその昔、僧侶覚円が畳数枚分の広さの頂上で修行したことに由来している。

ベストシーズン
11月（名物の紅葉のシーズン）

アクセス
ＪＲ甲府駅から山梨交通のバスに乗り、昇仙峡口停留所までは所要時間約30分。昇仙峡の滝上にも停留所がある。昇仙峡はハイキングコースになっており、昇仙峡口停留所から約4.5km、約1時間40分の行程となる。また、滝上から徒歩約３分にある仙娥滝駅から山頂のパノラマ台駅を結ぶ全長約１kmのロープウェイも。

見どころ

- カップルで渡ると愛が成就するという隠れスポット「愛のかけ橋」がある。
- 散策路内には覚円峰山頂の岩をはじめ、絶妙なバランスで浮く巨岩が複数ある。
- ３段に流れる壮観な「仙娥滝《せんがたき》」は、日本の滝百選に登録されている。

038

白崎海岸　和歌山　8月

039

鳥取砂丘　鳥取　12月

038

白崎海岸

和歌山

「日本のエーゲ海」とも称される美しい白い岬

紀伊水道に面した和歌山県由良《ゆら》町。緑の山が美しい街だが、市内をクルマで走ると、その景観が一変する海岸が現れる。紺碧の海と、太陽に照らされて白く輝く岩の海岸線。その美しさから、白崎海岸は白壁の建物が連なるギリシャの島々になぞられ「日本のエーゲ海」とも称されている。日本ではあまり見られない乳白色の岩は、２億5000年前に形成された石灰岩。採石場跡ではウミユリなどの化石も確認できる。例年、３月になると海岸線をウミネコの大群が飛来するさまも、ギリシャの渡り鳥を思わせる。

ベストシーズン

通年（ダイビングは11月〜4月）

アクセス

ＪＲ大阪駅から紀州路《きしゅうじ》快速に乗り、和歌山駅へ。所要時間約１時間30分。和歌山駅からＪＲ紀勢本線で紀伊由良駅へ。所要時間約55分。紀伊由良駅からは中紀バスで白崎西停留所下車。15分程度。クルマの場合は、阪和自動車道和歌山ＩＣから湯浅御《ゆあさご》坊《ぼう》道路広川ＩＣ〜国道42号を経由し、約55分。

見どころ

- **白崎海洋公園内には、ダイビングなどの拠点となるクラブハウス、オートキャンプ場、貝の展示館などがある。**
- **散策コースを歩くと、各所に化石ポイントがあり、地球誕生の神秘に触れられる。**
- **公園内は水仙が群生する。**

039

鳥取砂丘

鳥取

サハラ砂漠のような砂の芸術
風紋の現れる日本を代表する砂丘

一面の砂の丘をラクダの背に乗ってゆけば、サハラ砂漠に来た気分が味わえる。日本海に面した鳥取砂丘は日本有数の砂丘として有名だが、ここの名物は風紋《ふうもん》。砂のさざ波にたとえられる風紋は、砂場一面に波模様の幻想空間を生み出し、多くの写真家を虜にしている。鳥取砂丘の風紋は、すだれ模様、柱模様、雪模様と、さまざまな表情を見せる。また、馬の背の形やすり鉢型の丘もあり、その上からは日本海に浮かぶ漁火を背景にした砂丘の夕暮れの絶景も味わえる。雨が多い日本ではなかなか味わえない非日常の光景が展開する。

サハラ砂漠(アルジェリアほか)

ベストシーズン

通年(特に3月〜6月)

アクセス

JR岡山駅からは、JR特急「スーパーいなば号」で鳥取駅へ。所要時間は約2時間。鳥取駅からは日本交通または日の丸バスで、鳥取砂丘(砂丘会館)行きに乗り、終点下車。所要時間約22分。バス停からすぐ。クルマの場合は、中国自動車道佐用JCTから鳥取自動車道鳥取IC、佐用経由で約1時間40分。

見どころ

- **砂の美術館には、宮殿や動物など、さまざまな砂の像が展示されている。**
- **ホテル砂丘センターに泊まると、部屋から見る砂丘の夕日の絶景が堪能できる。**
- **砂丘内をラクダに乗って回り、写真を撮るツアーが人気。**

040

備中松山城　岡山

角島 2Km
276
Tsunoshima
強風のとき
この橋は
通行止になります
山口県
276
山口
角島神田線
下関市
40
止まれ

041

角島大橋　山口

040

備中松山城

岡山

険しい山の上に立つ
天守が残る天空の城

雲海に浮かぶ備中《びっちゅう》松山城は、竹田城と同じく「天空の城」として知られる。だが、竹田城とは異なって天守が現存し、天守が残る山城としては最も高い標高430m。岡山県の臥牛山《がぎゅうさん》のほぼ頂上に建つ城は、朝霧に包まれると、瓦の屋根がなんとも幻想的な風景を醸す。城に辿り着く行程はけっこう険しい。苦労して登り終えると、天然の巨岩の上にいくえにも重なる石垣群に圧倒される。天守まで斜面に高い石垣群が続き、よくぞこんな高いところに建てたものだと感嘆しきり。マチュピチュと鎌倉武将の気分が同時に味わえる。

ベストシーズン
10月中旬〜11月中旬

アクセス
岡山駅からＪＲ伯備《はくび》線で備中高梁《たかはし》駅へ。所要時間は約53分。駅から備北バスで約10分、松山城登山口下車。ふいご峠から城の本丸付近へは山道を徒歩20分程度。土日祝日と繁忙期には城見橋公園からふいご峠間でシャトルバスが運行されている。クルマの場合は、岡山自動車道賀陽ＩＣより約25分。

見どころ

- 秋に大手門付近が紅葉し、岩壁が燃えるような朱色に覆われる景色が圧巻。
- 登城坂に10m以上の切り立つ巨大な岩壁がそびえ、難攻不落の名城を感じられる。
- 平櫓《ひらやぐら》など建物は復元され、天守からの眺望も格別。

041

角島大橋

山口

セブンマイル・ブリッジのような
スケールを感じさせる海上の道

フロリダの海上を果てなく続くセブンマイル・ブリッジはハリウッド映画のロケ地としてお馴染みだが、日本にも似たような絶景の橋がある。山口県の角島《つのじま》大橋は離島に架かる約1.7kmの橋。開通以来、自動車メーカーのCMに多数登場、映画『四日間の奇蹟』のロケ地にもなり、その絶景ぶりは海外サイトでも話題に。フロリダの橋と同様、周りの海は南の島を思わせるエメラルドグリーンで、まさに海外のような絶景だ。ライトアップされる夜も幻想的で、クルマを買ったら絶対に走りたくなる。

見どころ

- 島にある角島灯台は上まで登ることができ、人気の展望台となっている。
- 国定公園内に位置することから、橋脚の高さが低い直線が長く続き、途中から波のように上下にうねりながらカーブする構造も魅力。

ベストシーズン
7月〜8月

アクセス
クルマの場合は、中国道美祢《みね》ICより国道435号、国道191号を経由し、角島方面へ約60分。無料駐車場がある。角島展望台へ電車で行く場合は、新幹線新下関駅から山陽本線幡生《はたぶ》駅で山陰本線に乗り換え、特牛《こっとい》駅へ。所要時間約1時間30分。特牛駅からは角島行きバスでホテル西長門リゾート入口下車(約15分)。展望台まで徒歩で約5分。

042

周南コンビナート　山口　12月

安全
火

042

周南コンビナート

山口

まるで幻想的な宇宙ステーション！ コンビナートの夜景

暗闇から突然姿を現すコンビナートのイルミネーションは、まるで宇宙ステーションにそっくりと、話題になっている。山口県にある周南コンビナートは石油精製を始め、鉄鋼、セメントなどの工場が一大集積するエリア。明治期の海軍の煉炭製造所を起源とし、戦後大規模化した。煙突、コンベヤー、クレーン、タンクなど巨大な構造物が複雑に入り乱れるコンビナートが市街地と同居する。それも驚きだが、夜に船上から見るＳＦチックに輝く幻想空間には圧巻。“工場萌え”の聖地となっている。

ベストシーズン
通年

アクセス
東京から徳山までは新幹線「のぞみ」で約４時間半。周南コンビナートは徳山駅の前を通る産業道路沿いにあり、徳山下松港に位置する。ＪＲ徳山駅からクルマで約15分。ＪＲ櫛ヶ浜駅からはクルマで約５分。眺望が楽しめる太華山へはＪＲ山陽本線櫛ヶ浜駅から徒歩約70分。徳山東ＩＣよりクルマで約40分。

見どころ

- 工場群の夜景を見るクルーズツアーが人気。海側からの夜景が特に美しい。
- 徳山駅に到着する少し前の山陽新幹線の車窓からも工場の夜景が見られる。
- 俯瞰するなら太華山《たいかざん》から全景が見られる。

水島海水浴場《ミズシマカイスイヨクジョウ》

福井

北陸のハワイと称される
南の島の楽園気分満点の離島

福井県敦賀《つるが》半島の先端にある無人島、水島はハワイにもなぞらえる北陸らしからぬ絶景の島として知られる。砂州《さす》（砂だけの島）に木々が茂るのは、オーストラリアの絶景世界遺産フレーザー島と同じ。渡し船で島に近づくと、海の色は群青色からエメラルドグリーンに変わり、遠浅のビーチの水は泳いでいる魚が見えるほど透明度はバツグン。敦賀半島からすぐ先の距離なのに、ここが日本であることを忘れるほど。ダイビングのメッカとしても知られ、お手軽に南の島気分が味わえると若者に人気のスポットとなっている。

ベストシーズン
7月上旬～8月下旬（海水浴および渡し船運行期間）

アクセス
東京から米原には新幹線で。米原駅からＪＲ北陸本線特急「しらさぎ号」で敦賀駅へは所要時間約30分。敦賀駅から立石行きのバスで色ヶ浜停留所へ。所要時間約40分。バス停前の船着場からオーミマリンの渡し船で水島へ。所要時間約10分（9～15時半の間ピストン運行）。クルマは北陸自動車道敦賀ＩＣ～県道33号～141号経由で約40分。

見どころ

- **白砂の浜辺と遠浅の海は海水浴でも、海の中を泳ぐ魚を多く観察できる。**
- **敦賀市街から立石岬までの半島を走る街道は水島を望む絶景ドライブコース。**
- **島の対岸の色ヶ浜も海が美しい海水浴場として人気。**

043

秋芳洞　山口

044

祖谷渓　徳島

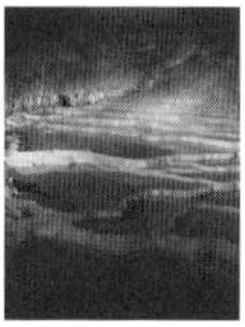

043

秋芳洞

山口

まるで母親の胎内に入ったような 幻想的な棚田状の鍾乳洞

秋吉台は日本最大のカルスト台地だが、その地下約100～200mくらいの場所にある鍾乳洞が秋芳洞《あきよしどう》。カルスト地形とは、石灰石が雨や地下水で浸食して形成された地形のこと。海外ではトルコの世界遺産パムッカレ（石灰華段丘）が壮大な白岩の棚田状の温泉として有名だが、秋芳洞も同じような棚田状（千畳敷）の鍾乳洞。地下だけに、幻想的かつ神秘的な光景を醸している。母親の胎内にいるようだと、最近ではパワースポットとしても人気。洞内の滝は飛沫を上げ、マイナスイオンもたっぷり。

パムッカレ（トルコ）

見どころ

- **洞内には千畳敷をはじめ、黄金柱、大松茸、マリア観音、幽霊滝など、時間が凍結したような不思議な自然の造形美の数々を堪能できる。**
- **洞内には、ヨコエビやコウモリなどの洞窟固有種の生き物が生息している。**

ベストシーズン

通年

アクセス

東京駅からは新幹線で新山口駅まで「のぞみ」で約４時間半。ＪＲ新山口駅から防長《ぼうちょう》バス「秋芳洞行き」に乗り約43分、終点下車。徒歩すぐ。またはＪＲ東萩駅から防長バス「秋芳洞行き」で約1時間10分。終点下車、徒歩すぐ。クルマの場合は、小郡萩《おごおりはぎ》道路秋吉台ＩＣから国道435号～県道32号経由で。

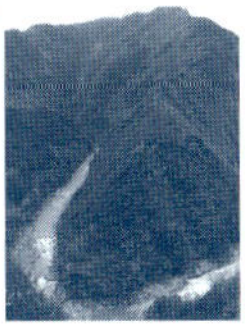

044

祖谷渓

徳島

中国の大秘境、雲南三江併流を思わせる日本の深山幽谷の絶景

祖谷渓《いやけい》は徳島県の吉野川支流に位置するV字渓谷地帯。「平家の隠れ里」であったことで知られ、降水量が多いため樹木が密に生い茂り、国土の狭い日本では珍しい隔絶した深山の景観が続く。日本三大秘境の一角だが、秘境の本場、リス族などが暮らす中国雲南省の雲南三江併流《うんなんさんこうへいりゅう》の蛇行する金沙江の景観と似ており、ともに川が丸い山麓を取り巻くように流れている。細い木だけで造られた原始的な吊り橋も名物。渓谷下を流れる祖谷川は夏に青く輝き、日本とは思えない秘境の絶景が広がる。

ベストシーズン
4月〜11月

アクセス
徳島阿波おどり空港からバスで徳島駅へ。所要時間約28分。徳島駅から阿波池田駅を経由し特急南風で大歩危駅へ。所要時間約1時間35分。大歩危駅より四国交通バスでホテル祖谷温泉バス停下車、徒歩5分。所要時間約53分。クルマの場合は、井川池田IC〜国道32号線（高知方面）〜県道32号線経由。所要時間約50分。

見どころ

- サルナシの細木だけで造られた吊り橋「かずら橋」は谷底が丸見えでスリル満点。
- 断崖に岩が突き出た「度胸試し」の逸話が残る場所に、小便小僧の像が立つ。
- 秋には谷下から上まで山全体が紅葉に染まる。

045

豊稔池堰堤　香川　11月

045

豊稔池堰堤

香川

まるでヨーロッパの古城の風格！
日本初のマルチプルアーチ式のダム

香川県にある豊稔池堰堤《ほうねんいけえんてい》は、柞田川《くにたがわ》の上流を堰《せ》き止めたダム。その形は他のダムとは大きく異なり、５つのアーチと６つの巨大な箱型の壁が複合する構造（日本初のマルチプルアーチ式）となっている。昭和初期の土木技術の先駆的構造だが、真下から見上げると、まるで中世ヨーロッパの古城の城壁を想像させる迫力と風格に満ちている。古城に見える理由は、コンクリ造りだが表面は細部まで古めかしい石積となっているため。重厚な廃墟の趣もあり、間近で見る者を魅了してやまない美しく貴重な堰堤となっている。

見どころ

- **いまも約500haの農地の水がめとして活躍中。夏（不定期）に行われるユルヌキ（放流）風景は大迫力で、季節の風物詩として知られている。**
- **アーチの中に入ると、ダムに包み込まれるような幻想的な雰囲気になる。**

ベストシーズン

通年（迫力の放水は7月中旬〜下旬）

アクセス

高松駅から特急「いしづち号」でＪＲ観音寺駅へ約50分。駅からタクシーで約20分。または駅から豊稔池の前を通る五郷高室《ごごうたかむろ》線バスに乗り、運転手に「豊稔池」と告げて降りる（路線上ならどこでも乗り降り自由）。県道からは堰堤上部、県道から坂道を下りた豊稔池遊水公園では堰堤を下から見上げることができる。

日本の絶景MAP ②

[茨城]

❶袋田の滝 …………… P40

[栃木]

❷大谷石地下採掘場跡 ‥ P44

[群馬]

❸嫗仙の滝 …………… P41

❹吹割の滝 …………… P48

❺妙義山 ……………… P52

[埼玉]

❻首都圏外郭放水路 - P49

[千葉]

❼地獄のぞき ………… P57

[富山]

❽大谷の雪壁 ………… P64

[石川]

❾千里浜なぎさドライブウェイ …… P65

[福井]

❿東尋坊 …………… P68

⓫水島海水浴場 … P107

[山梨]

⓬西沢渓谷 ………… P72

⓭昇仙峡 …………… P95

[長野]

⓮下栗の里 ………… P79

⓯善五郎の滝 ……… P87

[静岡]

⓰奥大井湖上駅（大井川鐵道）- P69

⓱堂ヶ島天窓洞 ‥ P73

⓲大室山 ………… P76

[三重]

⓳楯ヶ崎 ………… P80

⓴なばなの里 …… P84

[兵庫]

㉑竹田城跡 ……… P81

[和歌山]

㉒友ヶ島 ………… P88

㉓海金剛 ………… P89

㉔橋杭岩 ………… P92

㉕白崎海岸 ……… P96

[鳥取]

㉖鳥取砂丘 ……… P97

[岡山]

㉗備中松山城 … P100

[徳島]

㉘祖谷渓 ……… P109

㉙鳴門の渦潮 … P116

[香川]

㉚豊年池堰堤 ………………… P112

[愛媛]

㉛遊子水荷浦の段畑 ……… P117

㉜日本食研KO宮殿工場 … P120

㉝別子銅山跡 ………………… P124

[高知]

㉞竜串海域公園 …………… P125

046

鳴門の渦潮　徳島

047

遊子水荷浦の段畑　愛媛　4月

046

鳴門の渦潮

徳島

この世の海とは思えない迫力！世界最大級の渦潮がある海峡

鳴門《なると》海峡の渦潮は世界三大渦潮のひとつ。その直径は20mにもなり、世界最大級。イタリアの有名なメッシーナ海峡の渦潮の絶景にも劣らない。鳴門の渦潮は、鳴門市孫崎《まごさき》と淡路島との間の鳴門海峡にあり、つねに速い渦と穏やかな渦が大小たくさん発生。何重もの白波の線が複雑にうねりながら渦を巻く光景は、上空から見ると、もはやあの世の海のような大迫力に満ちている。また、船で近づくと、雷鳴のような轟音が。上空には高さ45mの大鳴門橋が架かり、渦と橋と青い海の絶景が広がる。

ベストシーズン
3月～4月

アクセス
ＪＲ徳島駅から鳴門駅へ。所要時間約40分。フェリー乗り場へはバスで鳴門観光港下車。鳴門駅から約18分。または徳島駅から徳島バス鳴門公園行きに乗り、鳴門公園停留所下車。所要時間約1時間15分。大阪各所から鳴門公園口への直行高速バス便もある。所要時間約２時間。クルマの場合は、神戸淡路鳴門自動車道鳴門北ＩＣから約５分。

見どころ

- 大鳴門橋の「渦の道」からは、真上から渦を観察できる展望台と遊歩道がある。大迫力の渦潮を大画面で見るシアターもある。
- 渦潮を見る大型観測船のほか、小型水中観測船（渦潮の中を観察）も運行している。

047

遊子水荷浦の段畑

愛媛

天国への階段を思わせる急な段々畑の絶景

「耕して天に至る」と形容される段々畑。愛媛県宇和島市にある遊《ゆ》子《す》水《みず》荷《が》浦《うら》の段畑は、山の斜面に幅、高さともに約１ｍの石垣がはるか山頂まで続き、壮観な造形美に圧倒される。段畑の眼前には宇和海の紺碧の海。この段畑と水の美観は、レマン湖の畔に広がる世界遺産「ラヴォーの葡萄畑」を思わせる。だが、遊子水荷浦の段畑はその傾斜角が30度もあり、石垣であることから、まさに天国への階段にも、巨大な遺跡にも見えるという絶景。こんな斜面に人々が苦労して畑を切り拓いてきた歴史の重みも感じさせる。

見どころ

- **段畑では馬鈴薯《ばれいしょ》がいまも栽培され、収穫の時期には「だんだん祭り」が開催される。**
- **下波から遊子にかけての海岸から養殖筏と沖合に浮かぶ黒島、御五《おいつ》神島《かみじま》などの絶景が広がる。**
- **夏に竹とロウソクによるライトアップが行われる。**

ベストシーズン

夏～秋（ライトアップは8～9月のうち１日）

アクセス

ＪＲ松山駅からＪＲ特急「宇和海号」で宇和島駅へ。所要時間は約1時間20分。宇和島駅よりバスの蒋渕《こもぶち》線に乗り、水ヶ浦停留所下車。所要時間約60分。新内港からの高速船ルートは16分程度。クルマの場合は、松山方面から国道56号～宇和島北ＩＣ～宇和島南ＩＣ～国道56号～県道37号線～県道346号線経由。

048

日本食研KO宮殿工場　愛媛

048

日本食研KO宮殿工場

愛媛

オーストリアの壮麗な宮殿!?
今治にある宮殿を模した食品工場

愛媛県今治市は城下町として歴史と風情を感じさせる瀬戸内海特有の景観の街。だが、海岸公園近くに日本の建物とは思えないヨーロッパ調の宮殿が建つ。この建物は、焼き肉のたれで有名な日本食研のＫＯ宮殿工場。オーストリアのベルヴェデーレ宮殿をモチーフにしたもので、大きさは実物の2.7倍あり、噴水や庭園はヨーロッパ風のオリジナルデザインだ。内部は工場だが、ホールなどは宮殿と見紛うような豪華な内装で、ハプスブルグ家のマリー・アントワネットをイメージした部屋もある。

見どころ

- **予約のうえ内部見学可。宮殿前には噴水が見事なレプリカのフランス式庭園。**
- **マーブルホールは豪華なシャンデリアにマクシミリアン式甲冑など、宮殿の雰囲気十分。宮殿内の最新食品工場ラインも見学できる。**

ベストシーズン
見学申し込みは通年

アクセス
松山空港からリムジンバスでＪＲ松山駅へ。所要時間約20分。松山駅からＪＲ予讃線特急で今治駅へ。所要時間約35分。今治駅から日本食研本社（ＫＯ宮殿工場）までタクシーで約15分。クルマの場合、広島方面からは、しまなみ海道今治北ＩＣから約20分。高松方面からは、今治小松自動車道今治湯ノ浦ＩＣから約20分。

御船山楽園《ミフネヤマラクエン》

佐賀

四季折々に色づく広大な花の森
江戸時代に造られた回遊式庭園

江戸時代、武雄領主の鍋島茂義が御船山の切り立つ断崖を借景に、３年の歳月をかけ1845年に完成させた壮大な池泉回遊式庭園が御船山楽園。国の登録記念物に指定される庭園の広さは15万坪、東京ドーム約10個分にも相当する。日本神話にも登場する中国山水画のような御船山の麓、春は桜、ツツジ、大藤、夏は紫陽花に深緑、秋は紅葉と楓。そして、冬は椿が咲き誇る。まさに、四季折々に色づく広大な森。なかでも名物は20万本のツツジ、2000本の桜、樹齢170年の大藤。花好きにはたまらない憩いの庭園となっている。

ベストシーズン

通年（特に紅葉の時期が人気）

アクセス

ＪＲ博多駅から特急と佐世保線で武雄温泉駅へ。所要時間は約１時間。武雄温泉駅からタクシーで５分。飛行機の場合は、福岡空港から地下鉄およびＪＲ利用で約１時間20分。長崎空港からはタクシーで約40分。クルマは、長崎自動車道武雄北方ＩＣ下車。国道34号線を大村・嬉野方面へ約５km。

見どころ

- **江戸後期造園時に建てられた「萩野尾《はぎのお》 御茶屋」でお茶を楽しめる。気分は殿様。**
- **11月の「紅葉まつり」の夜、広い庭園が幻想的にライトアップされる。**
- **樹齢300年の大楠、大モミジ、楓群など、樹齢の古い見事な巨木が多数。**

049

別子銅山跡　愛媛　11月

050
竜串海域公園　高知　3月

049

別子銅山跡

愛媛

山中にそびえる煉瓦造りの要塞
銅山の産業遺産群

四国の屋根といわれる赤石山系。木が深く茂る山の標高750m付近に、煉瓦造りの遺構がある。まるで山の中に現れた中世ヨーロッパの広大な城塞跡のようにも見える。実はこの建物、江戸時代から280年以上も採掘された別子銅山の索道基地跡。ここに採掘された鉱石が蓄えられていた。この険しい木々が茂る山中が銅山最盛期に3800人もの労働者が暮らす街だったというから驚く。「東洋のマチュピチュ」との呼称があるだけに、たしかに空中都市の雰囲気は十分。世界遺産への申請が検討されているという。

見どころ

- **山の中腹の東平に、索道基地、通洞などの遺構群がある。当時の東平の歴史を伝える資料館や展望台もある。**
- **麓には銅山のジオラマ、砂金採、銅工房など、採掘を再現した鉱山テーマパーク「マイントピア別子」がある。**

ベストシーズン
通年（月曜日・12/1〜2/末は休館）

アクセス
松山空港から連絡バスでＪＲ松山駅へ。ＪＲ特急で新居浜駅へ。所要時間は約1時間10分。新居浜駅からせとうちバスまたは市営コミュニティバスに乗車。マイントピア別子停留所まで約20分。マイントピア別子から東平地区へはクルマで約25分（落石情報に注意）。新居浜駅からクルマの場合は、県道47号線経由で約30分。

050

竜串海域公園

高知

まるで奇岩の惑星？
海岸と海中に岩の異空間

ジョン万次郎の故郷として知られる土佐清水にある竜串《たつくし》湾。この岬一帯は、サンゴや華やかな魚類が泳ぐ亜熱帯的な海中環境が形成され、日本で初の海中公園に指定された。グラスボートで海に出ると、海底には蜂の巣模様やキノコ型の珊瑚が一面に群生し、豪州のサンゴの海と見紛うほど。さらに海岸には日本ではまず見られないような奇岩群。ブツブツ穴が開いた岩、妙な形に湾曲した岩、石で造った巨大な竹のオブジェのような岩など。地球外の惑星で自然が創ったアート作品に囲まれたような異空間となっている。

ベストシーズン
通年（特に7月～9月）

アクセス
東京から飛行機で高知龍馬空港へ（約1時間15分）。空港からバスで高知駅へ（約35分）。ＪＲとくろしお鉄道中村線で中村駅へ（約1時間40分）。中村駅からは高知西南交通バス足摺岬行きで清水バスセンター下車（約55分）。宿毛《すくも》行きのバスに乗り換えて竜串下車（約20分）。そこから徒歩約５分で到着。

見どころ

- 「大竹小竹《おおたけこたけ》」「サンゴのかけら浜」「蛙の千匹連れ」「竜門の滝」「屏風岩」など、不思議な造形の岩が海岸に多数。地質の博物館とも呼ばれる。
- 海底の多様な形状のサンゴ礁群を、船、ダイビング、シュノーケリングで楽しめる。

051

塩俵の断崖　長崎　2月

052
御輿来海岸　熊本　3月

051

塩俵の断崖

長崎

イギリスのコーズウェー海岸に似た柱状の奇岩が建ち並ぶ絶壁

江戸時代は隠れキリシタンの島であった長崎県の生月島《いきつきしま》。島の西海岸にある塩俵の断崖は、玄界灘の荒波にさらわれて形成された奇岩が林立している。海に突き出た岩場が六角形の蜂の巣模様の石畳になっているのが特徴。人工物のような規則的な形の岩が見事に並ぶのは、楯ヶ崎などと同じ柱状節理のため。海外ではイギリスにある「巨人の石道」と呼ばれるジャイアンツ・コーズウェーの海岸も同様に有名。白波を立てて荒れる玄界灘と、柱のような岩の絶壁が調和し、絶景が生み出されている。

ジャイアンツ・コーズウェー(イギリス)

ベストシーズン
通年

アクセス
九州新幹線新鳥栖《しんとす》駅からＪＲ早岐駅を経由して佐世保駅へ。特急利用で所要時間は約1時間30分。佐世保駅からは西肥《さいひ》バスの平戸桟橋行に乗り、終点で生月バス生月行きに乗り換え、終点の生月一部桟橋下車。所要時間は約2時間。さらに御崎行きに乗り換え塩俵断崖前下車、徒歩5分。長崎空港から佐世保駅までは連絡バスで約1時間30分。

見どころ

- 海岸の崖上は生月島自然歩道が整備され、玄界灘と塩俵の断崖を望む、いこいの広場となっている。
- 島の最北にある大バエ断崖に建つ「白亜の灯台」も島の名物。ここから玄界灘の360度のパノラマが楽しめる。

052

御輿来海岸

熊本

日本の海岸とは思えない！
干潟に現れる砂の彫刻美

有明海の島原湾にある御輿来《おこしき》海岸は、潮が引くと、日本の海岸とは思えない幻想風景が現れる。2km以上も沖合いまで砂地となり、その干潟には神秘的な三日月型の丘が並ぶ。風紋と呼ばれる、波と風が生み出す彫刻美だが、三日月型になる理由については定説がない。晴天時には有明海を挟んだ対岸の雲仙普賢岳も視界に入る。干潮と夕陽が重なるオレンジ色の絶景が見られるのは年間数日のみ。4世紀中頃、景行《けいこう》天皇が九州遠征の際、干潟模様のあまりの美しさに見とれ、神輿を止めたという海岸名の由来も納得。

ベストシーズン
1月〜4月

アクセス
御輿来海岸は有明海島原湾に面する宇土市下網《しもおう》田《だ》地区にある。ＪＲ熊本駅から三角《みすみ》線に乗り、網田駅下車。所要時間約36分。駅から干潟の海岸までは徒歩10分程度。展望台は海岸から細い農道を登った先の駐車場にある。クルマの場合は、九州自動車道松橋ＩＣから網田方面へ約30分。

見どころ

・海岸から農道を登った先にある大栄《たいえい》稲荷神社隣の駐車スペースの高台の駐車場が展望台となっている。

・南側には平坦な岩が何枚も重なっていることから別名「ふとん岩」とも呼ばれている「千枚岩」がある。

053

七つ釜　佐賀　5月

054
玄海町の棚田　佐賀　8月

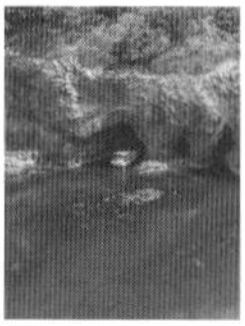

053

七つ釜

佐賀

地底探検の気分が味わえる 七つの穴が開く奇岩の海岸

海岸には細長い角材を重ね並べたような岩の崖が現れる。ここは佐賀県唐津市の玄界灘に面した海岸にある七つ釜と呼ばれる奇岩の景勝地。その絶壁には荒波が彫りあげた7つの洞窟が釜のように穴を開けている。クルーズ船は波が穏やかだと、果敢にも洞窟の中に突っ込んでいく。100m以上もある暗い洞窟内に入ると、壁面や水中にチューブを張り付けたような不思議な形状の岩々が迫り、圧倒される。天井の無数の岩間からは水滴が落ちる。ＳＦ映画の地底探検の気分が十分に味わえる。

ベストシーズン
通年

アクセス
七つ釜の海岸は佐賀県呼子《よぶこ》にある。博多駅からは福岡市地下鉄空港線で唐津駅まで約1時間15分。大手口バスセンターから、昭和バス呼子行きに乗車し、呼子バス停下車、徒歩3分程度。呼子まではタクシーを利用して約30分。クルマの場合は、長崎自動車道多久《たく》ICから約60分。遊覧船はマリンパル呼子から出航。

見どころ

- 「イカ丸遊覧」で神秘の洞窟、七つ釜の探検を楽しめる。
- 七つ釜の上部は天然の芝で覆われており、遠く隠岐、対馬まで見渡せる絶好の散策地となっている。
- 七つ釜港の海中には、立神岩という名物の巨岩がある。

054

玄海町の棚田

佐賀

外国の秘境の棚田を思わせる
海と段々畑が溶け合う絶景

小さな入り江に面した佐賀県玄海町の浜野浦地区。海岸から緑の山を駆け上がる階段のように、斜面には幾重にも連なる棚田が続いている。「天国への階段」と呼ばれるフィリピンのコルディリェーラの棚田と同じような絶景となっている。自然の描くカーブに沿い、大きさも形も地形に合わせて造形された棚田は「千枚田」とも「段々畑」とも呼ばれる。春の水張りの時期になると、水平線に沈む夕日が海面と水田を幻想的な朱色に染め、棚田の畦道が描く幾何学的な模様が目を楽しませてくれる。

コルディリェーラの棚田（フィリピン）

ベストシーズン
通年

アクセス
博多駅からは地下鉄で唐津駅まで約1時間15分。唐津駅から徒歩で大手口バスセンターへ。約8分。昭和バスで金の手停留所へ。乗り換えて浜野浦の棚田停留所下車。徒歩すぐ。棚田展望台は国道204号沿いから少し入った先にある。クルマの場合は、唐津から県道23号線と254号線を経由、所要時間は約30分。駐車場有。県道204号線を使うルートも。

見どころ

- 棚田展望台のデッキから地平線まで伸びる海と棚田が混ざり合う絶景が見られる。
- 春は水面、夏は緑、秋は黄金、冬は雪景色と、棚田は四季折々の景観を見せる。
- 展望台に通称、「幸せの鐘」があり、カップルにも人気。

055

通潤橋　熊本　8月

056
鍋ヶ滝　熊本　7月

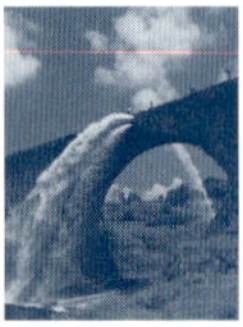

055

通潤橋

熊本

古代ローマの水道橋を思わせる
日本最大級の石造アーチ水路橋

通潤橋《つうじゅんきょう》は阿蘇外輪山の南側にある江戸時代（1854年）に建造された堅牢な石造りのアーチ橋。その長さは78m、幅は6.3mもある。だが、この橋は人を渡すためのものではなく、農業用水を渡す専用の水路橋。橋の上には石造の通水管が３列ある。石造り水道橋としては日本最大。構造は異なるが、同じ石造りの古代ローマ水道橋を思わせる。いまも農地に水を送るため、橋から川底へ放水が行われる。その豪快に水が飛び散るさまは、橋の上から見下しても、川のほとりから見上げても圧巻。

見どころ

- 土曜、日曜、祝祭日の正午に、圧巻の放水を見学できる。放水される水は現役の水田灌漑《かんがい》用のため、田植えや水不足の時期には放水中止。
- 通潤橋史料館は、布田保之助や石工たちの架橋に関する資料を展示する。

ベストシーズン

4月上旬〜5月上旬、7月中旬〜11月末

アクセス

ＪＲ熊本駅からすぐの熊本駅前電停から熊本市電の健軍町《けんぐんまち》行きに乗り、辛島町電停下車。所要時間は約10分。徒歩約３分の熊本桜町バスターミナルから熊本バスの通潤山荘行きに乗り、通潤橋前停留所下車。所要時間約1時間30分。県道320号長原川野線沿いの「道の駅通潤橋」のすぐ近くに橋がある。

056

鍋ヶ滝

熊本

水のカーテンの部屋の中！
滝を裏から見る異空間

世界三大瀑布のナイアガラの滝には、滝を裏から見られるトンネルがあるが、熊本県にも同様な空間をもつ絶景の滝がある。鍋ヶ滝は落差９ｍ、幅20ｍと、水が流れる幅が広い滝だが、その滝壺の奥の穴の中に入ることができる。なかは意外と広く、入口は長方形。まるで映画館のスクリーンが水のカーテンになったよう。カーテンの先に見える幻想的な森の光景は、温泉湖が点在するカリブの植物園と名高い世界遺産のモーン・トロワ・ピトンズも彷彿とさせる。こんな優美な滝が日本にもあったのだ。

モーン・トロワ・ピトンズ（ドミニカ）

見どころ

- 滝水の横から濡れることなく滝壺の穴の中に入れる。絶好のシャッターポイント。
- 夏は緑深い新緑、秋は真っ赤にそまった紅葉が滝の周辺に広がる。名物のライトアップはゴールデンウィーク中の夜に行われる。

ベストシーズン

5月〜7月

アクセス

熊本空港からリムジンバスを利用し、ＪＲ肥後大津駅へ。さらに豊《ほう》肥《ひ》本線でＪＲ阿蘇駅へ。所要時間は約1時間18分。駅からは産交バスの杖立温泉行きに乗り、ゆうステーション停留所下車。所要時間約1時間。ここからタクシーで約15分。駐車場から杉林の中を100ｍ程度下ると滝がある。

057
草千里ヶ浜　熊本　7月

057

草千里ヶ浜

熊本

気分はアルプスの草原？
美しい池が雨季に現れる草原

草千里《くさせんり》ヶ浜《はま》は熊本県阿蘇山系の烏帽《えぼ》子《し》岳直下に広がる直径1kmに及ぶ広大な草原地帯。緑の芝生の草原には牛や馬が放牧されている。背後の阿蘇の山々と相まって、ハイジがいるアルプス麓の草原も思わせるような風景。特に絶景なのは、大きな丸い池が２つ並んでいること。その水は透き通るようなコバルトブルーという美しさ。丸鏡のような水面には、阿蘇の山々が映りこんでいる。実はこの池、２つの火口に雨水が溜まったもの。冬は広い草原が一面雪で染まり、天然のスケートリンクとなる。

ベストシーズン
4月下旬～7月上旬

アクセス
熊本空港からリムジンバスを利用し、ＪＲ肥後大津駅へ。豊肥本線に乗り、ＪＲ阿蘇駅へ。所要時間は約1時間18分。ＪＲ阿蘇駅からは産交バス「阿蘇山上ターミナル行き」に乗り、草千里阿蘇火山博物館前停留所下車。所要時間は約35分。クルマの場合は九州道熊本ＩＣから国道57号経由。約Ｉ時間20分。

見どころ

- **阿蘇山の火口観光の基地となっており、草原を引き馬に乗って散策できる。**
- **草千里ヶ浜展望所からは中央火口西斜面、立野峡谷、熊本市内、金峰火山、遠く雲仙普賢岳までの眺望が眺められる。**

皿倉山の夜景《サラクラヤマノヤケイ》

福岡

宇宙から地上を眺めたような
輝くイルミネーションの夜景

皿倉山《さらくらやま》は北九州市のほぼ中央にある標高622mの山。気軽に登山が楽しめる山として知られる。山には神功《じんぐう》皇后の神話が残り、帆柱《ほばしら》自然公園は桜の名所でもある日本らしい山だが、夜になると、頂上からは地平線まで200度のパノラマ夜景が見られる。それはまるで宇宙船から見た地球の夜のような美しさ。洞海《どうかい》湾《わん》、関門橋、工業地帯、遊園地のジェットコースター、湾曲した高速道路などの灯りが幻想的なイルミネーションを生み出す。まさに100万ドルの夜景で、「新日本三大夜景」にも選ばれている。４ページで紹介した河内藤園も近い。

ベストシーズン
春、夏、秋（特に雨の日の翌日）

アクセス
ＪＲ小倉駅から鹿児島本線で八幡駅へ。約15分。八幡駅から皿倉山ケーブルカー山麓駅まで徒歩約25分、タクシーで５分ほど。無料シャトルバスがＪＲ八幡駅から皿倉山ケーブルカー山麓駅間を運行（平日は夜のみ）。4月～10月は、九州最長のケーブルカーとスロープカーが夜10時まで運転。所要時間約５分。

見どころ

- **ケーブルカーで登れる頂の展望台から光量が多く、視野角が広く、特徴ある地形が生み出す夜景を眺められる。**
- **８合目付近は眺望のよい高原となっており、帆柱自然公園や森の音楽堂などがある。桜の名所としても有名。**

058

ラピュタの道　熊本　8月

058

ラピュタの道

熊本

阿蘇外輪山を周回する雲の上に浮かぶ天空の道

世界最大級のカルデラ、阿蘇山には火口を囲う雄大な外輪山がある。緑の草原が広がる外輪山の上を走る阿蘇市道狩《かり》尾《お》幹線は、かつて牧場の牛馬が通った「ミルクロード」に至る急斜面の坂道。この道がジブリアニメ『天空の城ラピュタ』のイメージから「ラピュタの道」とライダーの間で話題になっている。雲海を見下ろしながら、丘を縫うように左右へアップダウンを繰り返す道は、確かに空に浮く道のよう。山頂の眺望ポイントからの阿蘇の景色も素晴らしい。まさに日本離れしたドライビングが楽しめる山岳道路となっている。

ベストシーズン
通年

アクセス
ラピュタの道は、熊本県道149号の狩尾地区と熊本県道339号ミルクロードを通る阿蘇北外輪山を走るドライブロード。登山口まではＪＲ熊本駅から約42km。ＪＲ阿蘇駅からは約９km。熊本空港からは約30kmに位置する。公共交通機関はなく、バイクやレンタカーを利用してドライブするのが一般的。

※2016年の熊本地震以降通行止め。

見どころ

- 阿蘇外輪山には多くの展望台があり、大観峰という展望台から阿蘇五岳の釈迦涅《ね》槃《はん》像のような形の絶景が見られる。
- ラピュタの道沿い、標高約600mには、初夏の時期に1万株のツツジが一面に咲き誇る長寿ヶ丘つつじ公園がある。

日本の絶景MAP ③

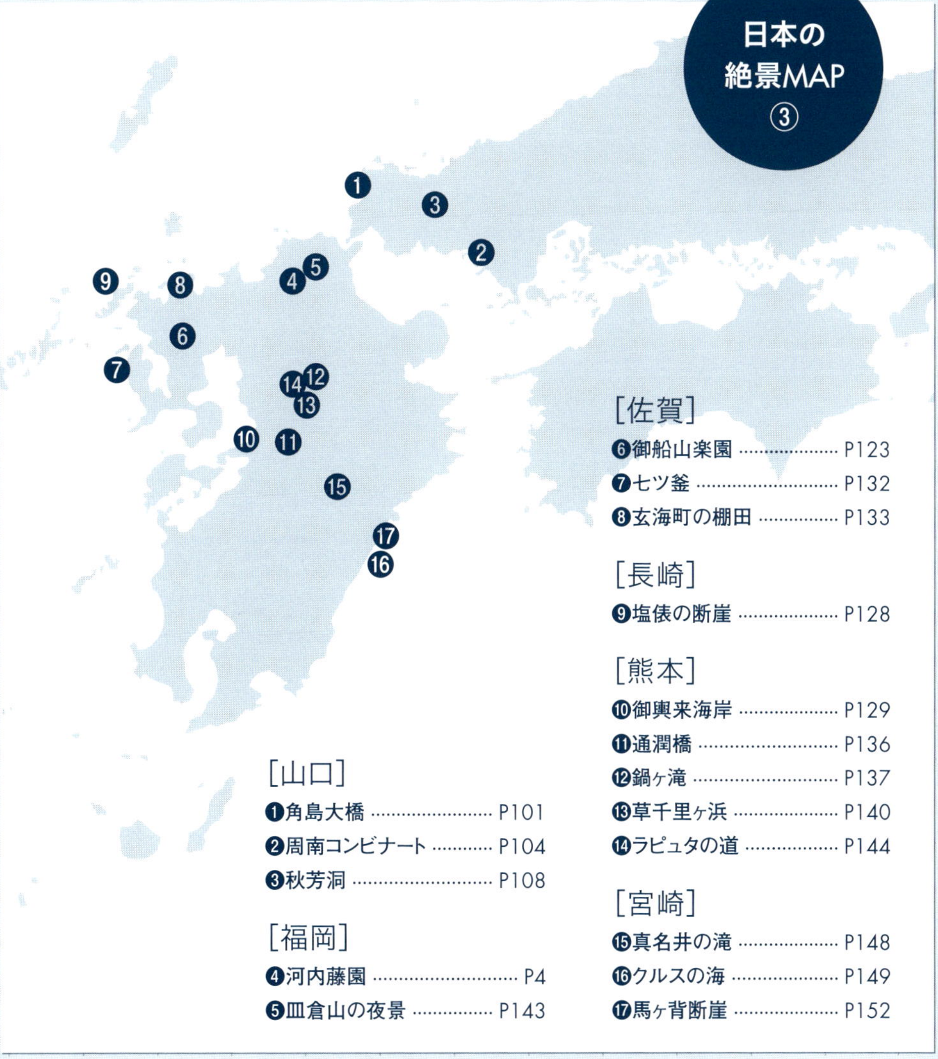

[山口]

[福岡]

[佐賀]

[長崎]

[熊本]

[宮崎]

[沖縄]

[東京]

059
真名井の滝　宮崎　7月

060

クルスの海　宮崎　12月

059

真名井の滝

宮崎

神話の世界の絵のような 天から光が降るような滝

宮崎県高千穂にある高千穂峡は、五ヶ瀬川の侵食によって形成されたV字の峡谷。高さ100mにも達する断崖が7kmにもわたって連なっている。渓谷の名物が崖上の「おのころ池」の水が崖下の川に落ちる真名井《まない》の滝。崖下の川は昼間でも薄暗く、幅狭い渓谷の底となっている。神話では、天孫降臨の際に神が水種を移して滝ができたという。確かにその光景は、天から光を浴びて厳かな雰囲気。また、ライトアップされると、幻想的な絵画のような世界に包まれる。神秘的すぎる「最強のパワースポット」としても有名。

ベストシーズン
4月下旬～7月上旬、11月中旬

アクセス
小倉駅からＪＲ特急利用で大分駅を経由し、延岡駅へ。所要時間は約３時間30分。延岡駅から宮崎交通バスで高千穂バスセンター駅下車（所要時間約１時間30分）、ここからタクシーで約５分。宮崎空港から延岡駅まではＪＲ特急で約１時間20分。高千穂峡へは観光シーズンのみシャトルバスも。

見どころ

- ライトアップは夏。秋には絶景の紅葉が楽しめる。
- 貸しボートで滝が落ちる近くまで行くことができる。
- 高千穂神社から見下ろせる渓谷に、天照大神がお隠れになったという「天の岩戸（洞窟）」がある。

060

クルスの海

宮崎

キリスト教の聖地?
十文字型をした不思議な海岸

クルスの海には、訪れると願いごとが叶うという伝説がある。クルスはポルトガル語で十字の意味。その通りに海岸は岩場がきれいに十字型に浸食され、ヨーロッパだったら聖地になりそう。だが、上空から見ると十字に割れた岩の外側に小さな岩場があり、これも合わせると「叶」の文字の形にも。願いが叶う鐘がある展望台からは東西200m、南北220m、高さ10 mという巨大な十文字の岩場と、穏やかな日向灘の水平線の絶景が広がる。鐘を恋人同士で鳴らすと、絆が深まるという恋愛スポットでもある。

ベストシーズン
通年(特に7月〜8月)

アクセス
小倉駅からJR特急利用で大分駅を経由し、日向市駅へ。所要時間は約4時間。日向市駅からはタクシーを利用。約21分でクルスの海の海岸へ。宮崎空港からは、日向市駅まで特急利用で約1時間。クルマの場合は、東九州自動車道日向ICより国道10号線を経由し約15分。

見どころ

- 展望台から見える日向灘は、穏やかでエメラルドグリーンなどの色が美しい。快晴の夏に、十字がはっきりと見えて、海はキラキラと輝く。
- 近くの「サンポウ」という展望台からも日向灘のパノラマの絶景を堪能。

061

馬ヶ背断崖　宮崎

062

大神島　沖縄

061

馬ヶ背断崖

宮崎

思わず足がすくむ大迫力！
珍しい海水路状の断崖絶壁

宮崎県の日向岬の馬ヶ背は、白浜、青松、さまざまな柱状岩から成り立つ景勝海岸。圧巻なのが高さ70mの断崖が対峙し、奥行き200m、幅10mという迫力満点の海水路となっている点。両岸には鉄柱のような岩が垂直にそそり立ち、数ある柱状岩の海岸を超える絶景を見せている。見渡す海も紺碧で絶海の風景を思わせる。さらに岬の先へ続く絶壁の上の展望台は、すれ違える程度の細い遊歩道となっており、この岩の道が馬の背に見えるのが名の由来。日向灘の荒波と深く狭い谷底から吹き荒れる風に思わず足がすくむ。

見どころ

- **馬の背形の断崖の遊歩道からは、奇形の断崖と地平線までの日向灘の碧い海の眺望が楽しめる。**
- **日向岬には、大御《おおみ》神社の斜柱、千畳敷の金屏風、小松崎の孤立石柱、塩屋崎の板状岩など数多くの岩種がある。**

ベストシーズン
7月～8月

アクセス
宮崎空港からＪＲ特急「にちりん号」で日向市駅へ。所要時間は約1時間。宮崎駅からは特急で日向市駅まで約50分。ＪＲ日向市駅から宮崎交通バス「イオンタウン日向行き」に乗り、終点で下車。所要時間は約10分。ここから日向岬方面へクルマで約10分に馬ヶ背がある。駐車場から徒歩５分程度。クルマの場合は、東九州道日向ＩＣから国道10号経由、約10km、20分程度。

062

大神島

沖縄

海岸に巨大キノコ型の岩が立つ珊瑚礁が広がる南国の離島

大神島は沖縄、八重山諸島の宮古島の北に位置する人口わずか20人程度の離島。島の周囲の海岸には、波の浸食で根元が削られた「ノッチ」と呼ばれる奇岩が点在している。豪州にも「12使徒」と呼ばれる海岸に奇岩の立つ名所があるが、ここも負けていない。奇岩は見事にキノコや木の形をしている。根元部分はかなり細くまで浸食が進み、いまにも倒れそう。島の海岸線にはサンゴ礁が広がり、まさにエメラルドブルーの南国の離島。しかも、神が住む島とされ、観光客も少ない。なにもかも日本離れした離島となっている。

見どころ

- **天岩戸や高天原《たかあまはら》と呼ばれる場所など、パワースポットの島としても有名。**
- **海底には色とりどりのサンゴ礁。島の中央の遠見台からは南国の海のパノラマ。**
- **島には工事が途中で頓挫した幻の一周道路がある。**

ベストシーズン
6月末〜8月

アクセス
大神島へは宮古島の島尻漁港から1日8便（片道4便）連絡船が出る。所要時間は約15分。宮古島までは那覇空港から航空便で約50分。東京羽田空港から宮古島への直行便もある。なお那覇から宮古島へのフェリーは就航停止となっている。大神島は周囲わずかに2km程度。奇岩の海岸は一周道路沿いにある。

どっちがニッポン?

どっちがニッポン?

索引

写真提供

カバー写真:山口博之/アフロ

スタジオサラ/アフロ(P4)
星野リゾート　トマム(P8、P10)
伊東剛/アフロ(P12)
片岡巌/アフロ(P13)
上士幌町観光協会(P15)
田中正秋/アフロ(P16、P20、P24、P97、P125)
河口信雄/アフロ(P17、P69、P124、P149)
遠藤徹/アフロ(P18)
稚内観光協会(P19)
上士幌町(P22)
鎌形久/アフロ(P25)
網走市観光協会(P26)
稚内市建設産業部観光交流課(P27)
月岡陽一/アフロ(P28)
松野茂雄/アフロ(P29)
別海町役場商工観光課(P30)
CuboImages/アフロ(P31)
龍泉洞事務所(P32)
田北圭一/アフロ(P33)
SIME/アフロ(P34)
蔵王町観光協会(P35、P39)
アフロ(P36、P108)
角田展章/アフロ(P37)
大子町役場観光商工課(P40、P42)
田村富雄/アフロ(P41)
大谷資料館(P44、P46)
広瀬フォトオフィス/アフロ(P48、P89)
山梨将典/アフロ(P49)
沼田市利根町振興局産業建設課(P50)
新海良夫/アフロ(P52、P68)
保屋野参/アフロ(P54)
湯沢市観光物産協会皆瀬事務所(P55)
後藤昌美/アフロ(P56)
山口淳/アフロ(P57、P92)
AGE FOTOSTOCK/アフロ(P58、P99、P135、P139)
Lonely Planet Images/アフロ(P59)
青ヶ島村役場総務課(P60、P62)
裏磐梯観光協会(P63)
立山黒部アルペンルート(P64、P66)
東阪航空サービス/アフロ(P65、P76)
羽咋市商工観光課(P67)
福井県観光営業部文化振興課(P70)
Prisma Bildagentur/アフロ(P71)
落合由賀里/アフロ(P72)
堂ヶ島マリン(P73、P75)
アールクリエイション/アフロ(P74)
飯田市観光課遠山郷観光振興係(P79)
山口博之/アフロ(P80、P81)
富井義夫/アフロ(P83)
長島観光開発(P84、P86)
和歌山県(P88、P90、P91、P94、P98)
昇仙峡観光協会さわらび(P95)
エムオーフォトス/アフロ(P96、P112、P117、P136)
高梁市産業振興課(P100、P102)
山口県観光連盟(P101、P103、P106)
村河敦/アフロ(P104)
田中秀明/アフロ(P107)
徳島県(P109、P111、P116)
Jose Fuste Raga/アフロ(P110)
鳴門市うずしお観光協会(P118)
日本食研ホールディングス(P120、P122)
御船山楽園(P123)
土佐清水市観光協会(P127)
箕輪正/アフロ(P128)
片岡巌/アフロ(P129)
Robert Harding/アフロ(P130)
宇土市役所商工観光課(P131)
山梨勝弘/アフロ(P132)
縄手英樹/アフロ(P133、P137、P148)
佐賀県観光連盟(P134)
山都町商工観光課(P138)
千葉直/アフロ(P140)
阿蘇ジオパーク推進協議会(P142)
三原宗(P143)
SHU matsukura(P144、P146)
高千穂町企画観光課(P150)
日向市観光協会(P151、152)
上西重行/アフロ(P153)

まるで海外のような日本の絶景

2014年7月25日　第1刷発行
2022年9月 9日　第8刷発行

著　者　　絶景トラベル研究会

発行人　　蓮見清一

発行所　　株式会社宝島社
〒102-8388
東京都千代田区一番町25番地
電話（営業）03-3234-4621
　　（編集）03-3239-0926
https://tkj.jp

印刷・製本　サンケイ総合印刷株式会社

ISBN 978-4-8002-2717-1

※本書に掲載された内容は変更される場合があります。旅行前に最新情報をご確認ください。
※本書に掲載されたアクセス方法、所要時間などは目安です。状況によって変わる場合があります。
※掲載情報による損失などの責任は一切負いかねますので、あらかじめご了承ください。